W0233729

Handschriften deuten

J. W. v. Goethe ~~schrieb an~~):
*Daß die Handschrift des Menschen Bezug auf dessen Sinnesweise
und Charakter habe, und daß man davon wenigstens eine Ahnung
von seiner Art, zu sein und zu handeln, empfinden könne, ist wohl
kein Zweifel.*

Handschriften deuten

Von Ursula Ehwald und Peter Lauster

Humboldt-Taschenbuchverlag

humboldt-taschenbuch 274
Umschlag: Christa Manner

Printed in Germany
Druck: Elsnerdruck GmbH, Berlin
ISBN 3-581-66274-4

Inhalt

Die Absicht der Autoren

Die Handschrift gilt allgemein als ein goldener Schlüssel zur Seele. Was jedoch die Schriftzeichen wirklich verraten, wissen nur wenige. In Deutschland ist die Graphologie gefürchtet, umstritten, hochgeschätzt und trotz allem weitgehend unbekannt.

Jeder zweite Angestellte wird von Graphologen nach seinem handgeschriebenen Lebenslauf taxiert. Die geheimen Schiedsrichter auf dem Arbeitsmarkt durchsuchen den Lebenslauf der Bewerber nach Erfolgssignalen. Wer „erfolgreich" schreibt, macht Karriere. Vor allem Dynamik, Vitalität, Durchsetzungsvermögen und Kontaktfähigkeit sind gefragt. Wenn Graphologen diese Eigenschaften finden, kommt der Bewerber meist in die engere Wahl. Wer Tintenschnörkel schreibt, die Labilität, Erregbarkeit, Bosheit und Selbstüberschätzung signalisieren, kommt nur schwer auf der Erfolgsleiter nach oben.

Die Macht der Graphologen ist groß. Deshalb sollte man über ihre Wissenschaft und ihre Methoden informiert sein. Die bisherigen Veröffentlichungen zum Thema Graphologie verwendeten zuviel pseudopsychologisches Latein. Sie setzten beim Leser differenzierte Fachkenntnisse voraus und waren deshalb nur Eingeweihten verständlich.

Mit diesem Buch unternehmen die Autoren den Versuch, die Graphologie praxisnah und leicht verständlich darzustellen. Sie vermitteln dem Leser an über 300 Schriftbeispielen die Grundlagen der graphologischen Analyse. Sie informieren über die Arbeitsweise der Graphologen, wollen jedoch nicht die Grenzbereiche und empirischen Probleme dieser Wissenschaft erörtern. Sie ermöglichen dem Leser, der bislang nichts oder nur wenig von Graphologie wußte, die Signale in der Schrift zu erkennen.

Die Schriftanalyse bietet einen wertvollen Einblick in die Persönlichkeitsstruktur der Mitmenschen (Freunde, Bekannte, Geschäftspartner,

Kollegen, Vorgesetzte). Es ist nützlich, mehr als nur die äußere Fassade eines Menschen zu kennen. Der Leser kann natürlich auch seine eigene Schrift kritisch unter die Lupe nehmen, denn die Frage „Wer bin ich?" ist immer wieder faszinierend.

Wie gut können Sie Handschriften deuten?

Erster Test

Mit diesem Test prüfen Sie Ihr Gespür für Schriften und Schriftanalyse. Wer Einfühlungsvermögen, Menschenkenntnis und psychologischen Spürsinn hat, schneidet besonders gut ab. Prüfen Sie also selbst, ob Sie bereits intuitive Grundkenntnisse haben. Testauswertung siehe Seite 15, Ergebnis-Skala siehe Seite 15.

Frage 1:
Kreuzen Sie bitte an, welche der drei abgebildeten Schriften von einer Frau ist.

a ☐

b ☐

c

mit den anderen noch ganz am Seit Montag du zuhause, ließe

Frage 2:
Kreuzen Sie die Handschrift an, die Sie für besonders intelligent halten.

a

*Wohnung und c
Vielleicht erholst
zu Hause von d*

b

*eine große Freude Dich
zu sehen. Nur schade, da
knapp war. Vielleicht e
mal alle zusammen u*

9

(handwritten text, sample c)

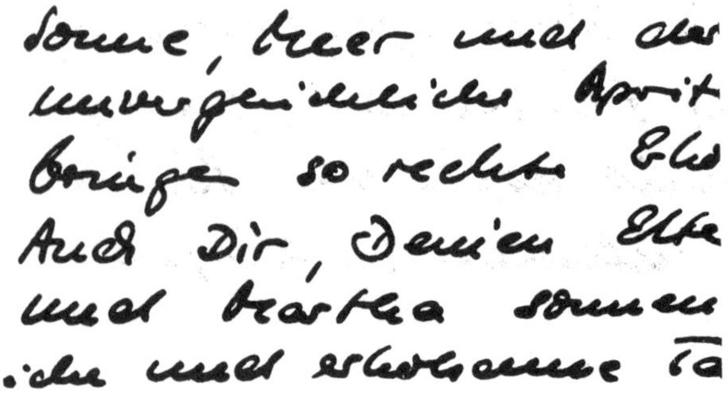

Frage 3:

Finden Sie zu jedem der drei folgenden Schriftbeispiele das entspre-chende Alter (15, 30 oder 55 Jahre). Schreiben Sie die zutreffende Zahl in das Kästchen.

Alter: 15, 30 oder 55 Jahre

a 15

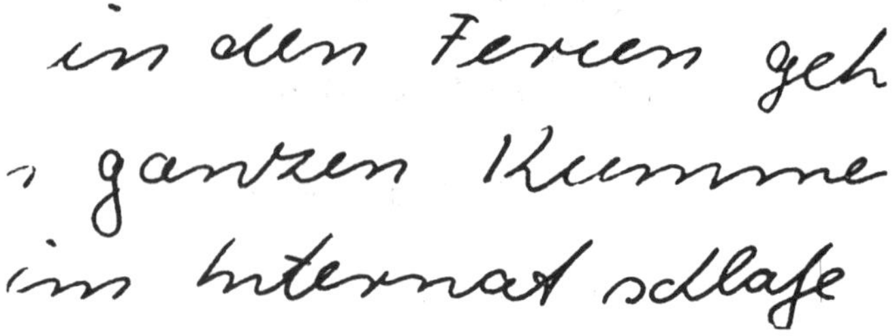

(handwritten text, sample a)

b 55

(handwritten text, sample b)

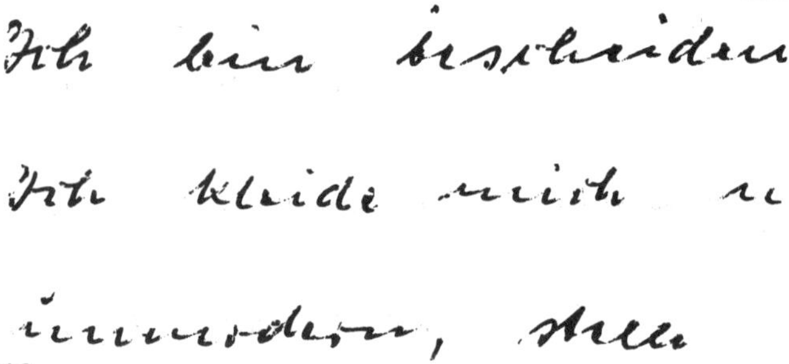

Wie ich Ihnen ja schon ges.
liebes Frl. Elwald, Ihr ger
insoweit hoffe ich, Sie bei
Wort nehmen zu dürfen.

Frage 4:
Die folgende Schrift ist von einem eitlen Menschen.

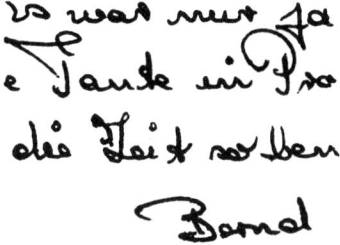

Woran erkennt man Ihrer Meinung nach vor allem seine Eitelkeit?

an der Schriftgröße	a	☐
an den verschnörkelten Anfangsbuchstaben	b	☒
an der Unterschrift	c	☐

Frage 5:

Sie sollen den Top-Manager für einen großen Konzern auswählen.
Welches wäre die geeignete Unterschrift?

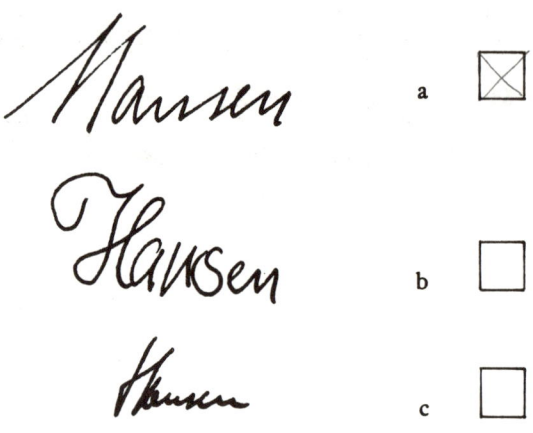

a ☒

b ☐

c ☐

Frage 6:

Welchen Beruf hat dieser Mann?

Wagen zu bekommen, damit
sprechend ist, etwas wegfahren
Verkehrsplatz an der Neusser Str.

Landwirt   a ☐

Beamter   b ☒

Freischaffender Künstler   c ☒

12

Frage 7:
Wurde das folgende Schriftbeispiel

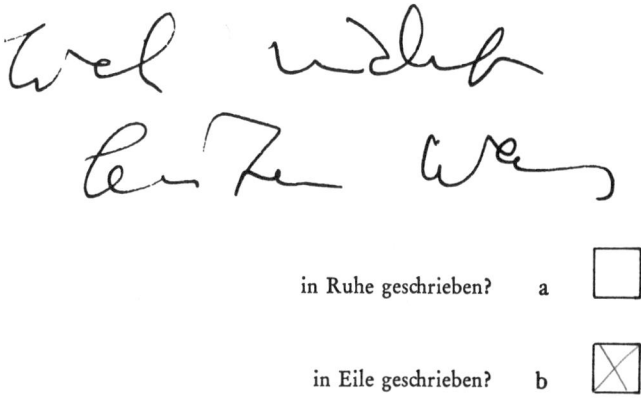

in Ruhe geschrieben? a ☐

in Eile geschrieben? b ☒

Frage 8:
Hat der folgende Schreiber

Abitur a ☐

Volksschulabschluß b ☒

Hochschulstudium c ☐

Frage 9:

Welches der drei Fragezeichen spricht für Selbstsucht und brutalen Durchsetzungswillen?

a □ ?   b □ ?   c ☒ ⚡

Frage 10:

Die Handschrift wird in drei Zonen eingeteilt

1. obere — 2. mittlere — 3. untere Zone.

Die folgende Schrift zeigt die Betonung der oberen Zone. Was bedeutet dieses Schriftmerkmal?

	Realismus	a	□
	intellektuelle Interessen	b	□
	Angeberei	c	☒

Testauswertung

Schreiben Sie in die rechte Spalte der Punkttabelle die für Ihre Antwort zutreffende Punktzahl. Die Punktsumme sagt Ihnen, wie gut Sie bereits Schriften deuten können.

Bei Frage 3 können Sie für jede richtige Altersangabe einen Punkt notieren; hierbei sind also maximal drei Punkte möglich. Für den Gesamttest sind maximal 21 Punkte erreichbar.

Punkttabelle

Fragen	Punkte a	b	c	Ihre Punkte
1	–	–	2	2
2	1	–	2	1
3	(15)	(55)	(30)	3
4	–	2	1	2
5	2	–	1	2
6	–	2	–	2
7	–	2	–	2
8	–	2	–	2
9	–	–	2	2
10	–	2	–	–
			Punktsumme:	18

Ergebnis-Skala

20—21 Punkte: Sie haben (fast) alle Testaufgaben richtig gelöst. Sie können bereits sehr gut Schriften analysieren. Wahrscheinlich besitzen Sie schon Graphologiekenntnisse; wenn nicht, spricht Ihr Ergebnis für ein überdurchschnittliches Einfühlungsvermögen und guten psychologischen Spürsinn.

15—19 Punkte: Sie besitzen gutes graphologisches Einfühlungsvermögen und psychologischen Spürsinn. Es fällt Ihnen deshalb sicher leicht, mit Hilfe dieses Buches Schriften treffend zu analysieren.

10—14 Punkte: Ihr Beobachtungsvermögen ist gut. Sie können Schriften teilweise richtig deuten. Für Sie ist deshalb die Lektüre dieses Graphologie-Buches sehr wertvoll.

4— 9 Punkte: Sie können nur schwer unterscheiden, was an den Schriftbeispielen besonders charakteristisch ist. Sie werden deshalb von der Lektüre dieses Graphologie-Buches profitieren.

0— 3 Punkte: Es fällt Ihnen sehr schwer, Schriften zu deuten. Aber gerade das lernen Sie mit diesem Buch.

Was kann die Graphologie?

In diesem Kapitel erfahren Sie, kurz zusammengefaßt, die Möglichkeiten und Grenzen der graphologischen Wissenschaft.

In der täglichen Praxis leistet die Graphologie Erstaunliches. Dennoch werden nach wie vor zwei gewichtige Einwände gegen sie erhoben.

Erster Einwand: Die Handschrift eines Menschen ändere sich nachweislich je nachdem, in welcher Stimmung er sich befinde. Sie könne auch leicht verstellt werden. Deshalb seien Graphologie-Gutachten unzutreffend.

Antwort: Es ist unmöglich, die Handschrift über längere Zeit zu verstellen. Wissenschaftlich durchgeführte Verstellungsversuche unter Hypnose und Drogen zeigen außerdem, daß die individuellen typischen Schriftmerkmale relativ konstant bleiben. Für ein wissenschaftlich einwandfreies Gutachten ist es daher vorteilhaft, Schriftbeispiele aus verschiedenen Zeitabschnitten heranzuziehen, um zu erkennen, welche Schriftmerkmale stimmungsbedingt, zufällig und welche konstant und somit für die Person charakteristisch sind.

Zweiter Einwand: Der Lebenslauf — in der Regel die einzige handschriftliche Unterlage bei der graphologischen Analyse — wird selten „spontan", in den meisten Fällen mit viel Sorgfalt und in Schönschrift geschrieben. Das verfälscht die Schrift.

Antwort: Der Bewerber versucht, verständlicherweise, sich von der besten Seite zu präsentieren. Diese Tatsache muß der Graphologe berücksichtigen. Die individuellen Schrifteigenarten, auf die es bei der Analyse ankommt, werden jedoch von der Schönschrift nicht beeinflußt.

Der Berliner Graphologe Curt Donig zieht die Grenzen der Graphologie so: „Technische Kenntnisse, Körperkraft, Wissen, geniale Begabung sind nicht aus der Handschrift erkennbar. Daher können Angaben über Berufsleistung bei spezialisierten Anforderungen nur mit größter Vorsicht gemacht werden."

Die Graphologie kann aber aus gedeuteten Charaktereigenschaften Erfolg und Versagen im Beruf folgern. Graphologe Donig kam bei wissenschaftlichen Untersuchungen über den Wert der Graphologie zu einem erstaunlichen Resultat: „Negative graphologische Beurteilung ist mit einer an Sicherheit grenzenden Wahrscheinlichkeit zutreffend. Positive Beurteilung ist zu 90% richtig."

Die Bundesvereinigung der Deutschen Arbeitgeberverbände hat in Baden-Württemberg untersucht, was die Graphologie taugt. Ergebnis: 75% der graphologisch begutachteten Bewerber verhielten sich im Betrieb so, wie das Gutachten prophezeit hat.

Die Graphologie hat in den vergangenen zwanzig Jahren kritische Personalchefs überzeugen können, daß die Handschrift durchaus zutreffend Auskunft darüber gibt, ob sich ein neuer Mitarbeiter bewähren wird. Jeder zweite leitende Angestellte muß deshalb heute mit graphologischer Begutachtung rechnen.

Das deutsche Wirtschaftsmagazin „Capital" hat des öfteren Großunternehmen genannt, die Wert auf graphologische Analysen legen: „BASF, Lufthansa, Maggi, Metzeler, BMW, Zeiss, Osram, Bosch, Bauknecht, Ford, NSU, Unifranck, Feldmühle, MAN, Braun, SEL, Eckes, Neckermann, Quelle, Otto-Versand, DEMAG, WMF und BBC."

Obwohl ein graphologisches Gutachten einiges kostet, ist für Personalchefs die Grapho-Analyse der billigste Test. Weitaus kostspieliger sind psychologische Diagnosen, beispielsweise mit dem Rohrschach-Test, dem renommiertesten aller psychologischen Testverfahren.

In den USA hat die Graphologie einen schlechteren Ruf als in Europa. Der Hamburger Ordinarius für Psychologie Peter R. Hofstätter: „In Amerika stehen Graphologen auf einer Stufe mit Leuten, die aus dem Kaffeesatz wahrsagen. Niemand kommt auf die Idee, Graphologie Wissenschaft und Graphologen Wissenschaftler zu nennen."

Die Graphologie kommt nicht gänzlich ohne Intuition aus. Das ist im Zeitalter der Naturwissenschaft für viele ihrer Kritiker ein schwerer

Mangel. Ernst genommen wird nur, was gezählt und gemessen werden kann. Aber den Graphologen macht dieser Vorwurf wenig aus. Sie argumentieren: Es sind auch oft die besten Ärzte, die intuitive Diagnosen stellen.

Der „Spiegel" schrieb in einer elfseitigen Titelgeschichte über die Graphologie: „Es hat sensationell zutreffende Schriftdeutungen gegeben, etwa die Prüfungsarbeit eines angesehenen Freiburger Psychologen, dem — in einem Blindtest — die Handschrift des 28jährigen Hitler vorgelegt wurde." Der angehende Psychologe charakterisierte die Führer-Schrift (daß es Hitlers Schrift war, erfuhr er erst später) u. a. mit folgenden Worten: „Stimmungslabil, heftig ... zu gewalttätigen Handlungen seinen Mitmenschen gegenüber ... zu utopischen Gedankengängen neigend."

Es heißt weiter in dem Hitler-Gutachten: „Von Natur aus eitel, ehrgeizig und geltungsbedürftig" habe er „nicht die Fähigkeit, die eigene Stellung innerhalb seines Lebensraumes zu erkennen und sich danach zu verhalten ... Er möchte nämlich gern mehr, als er seinen Anlagen nach vermag und (ist) ... durch seine Triebhaftigkeit gefährdet."

Kurz vor dem Frankfurter Nitribitt-Skandal bewarb sich ein Mann bei der Firma Maggi, der die Personalexperten besonders begeisterte. Sie waren deshalb erstaunt, als Graphologe Kroeber-Kenneth nach der Schriftanalyse von der Einstellung abriet.

Später zeigte sich, daß die Skepsis begründet war: Der Bewerber, Heinz Pohlmann, war der Begleiter und Beschützer des Freudenmädchens Nitribitt.

Graphologie wird heute an fast allen Universitäten gelehrt. Mit ihr beschäftigen sich so bekannte Professoren wie Robert Heiß (Freiburg), Udo Undeutsch (Köln) und August Vetter (München).

Der Freiburger Professor für Psychologie Robert Heiß zweifelt nicht daran, daß man diagnostisch brauchbare Signale in der Schrift lokalisieren kann: „Die Schrift ist wirklich eine geronnene Bewegungsform, die ziemlich umfassend alle Erregungsvorgänge psychomotorischer Art fixiert und darin das mögliche Verhaltensinventar einer Person zeigt."

Die Unverwechselbarkeit der Handschrift ist allerdings problematisch. Auch Graphologie-Experte Heiß ist skeptisch. Er ließ in seinem Institut einen Mann namens Helmut Kanzinger seine Unterschrift 25mal schreiben. Dann sollten seine Studenten diese Signatur so exakt wie möglich nachschreiben.

Einer Gruppe anderer Studenten wurden die echten und kopierten Kanzinger-Signaturen vorgelegt. Keine der Versuchspersonen konnte echte und falsche richtig aussortieren. Herr Kanzinger konnte seine Unterschrift selbst nicht mehr von den Fälschungen unterscheiden.

Bei Handschriftvergleichen (um die Echtheit von Schriftstücken zu beurteilen) müssen daher Graphologen mitunter passen.

Das Landgericht Düsseldorf verurteilte den Postangestellten Günther Altroggen zu acht Monaten Gefängnis, weil er Rentenscheine gefälscht haben sollte. Drei Gutachter, darunter Professor Bohne vom Kriminalwissenschaftlichen Institut der Universität Köln, identifizierten Altroggen als Schrift-Fälscher. — Aber es war ein anderer. Zwei Jahre später gab der Postinspektorenanwärter Friedrich Schlenter die Fälschung zu.

Auch in der Münsteraner Justizaffäre Weigand kamen fünf Gutachter zu vier verschiedenen Ergebnissen darüber, ob die Abschiedsbriefe von Rechtsanwalt Paul Blomert echt oder falsch seien.

Die beschriebenen Beispiele zeigen, daß auch von guten Graphologen gekonnte Fälschungen bislang nur schwer entlarvt werden können. Die Kritiker der Graphologie können aus dieser Tatsache jedoch nicht schließen, daß auch graphologische Charakter-Gutachten unmöglich sind. Denn auch die charakterologisch auswertbaren Merkmale einer Handschrift (z. B. Verbundenheit der Buchstaben, große Anfangsbuchstaben, lange Aufstriche, usw.) werden bei Fälschungen mitkopiert. — Graphologische Gutachten gehen deshalb stets von der Voraussetzung aus, daß die analysierte Handschrift echt und nicht gefälscht ist.

Mit der Schriftanalyse allein kann im übrigen kein Graphologe ein lückenloses Charakterbild über eine Person erstellen. Viele Deutungen bleiben ungesichert, solange er keine Zusatzinformationen besitzt, beispielsweise von psychologischen Tests oder durch die persönliche Beurteilung (Tiefeninterview).

Aber auch dann läßt sich noch kein absolut treffsicheres Gutachten erstellen, denn die Seele kann nie restlos und hundertprozentig exakt entschlüsselt werden. Man sollte deshalb jede Deutung als Hinweis sehen, der mit mehr oder weniger hohem Wahrscheinlichkeitsgrad zutrifft.

Zusammenfassend läßt sich sagen:

Die Graphologie kann (bei ausreichend vorhandenen Unterlagen):

positive und negative Eigenschaften einer Person diagnostizieren;

Neigung zur Kriminalität und bestimmten Krankheiten feststellen.

Die Graphologie kann nicht:

Zukunftsprognosen im Sinne der Astrologie stellen. Graphologie darf deshalb keinesfalls mit der Astrologie auf eine Stufe gestellt werden. Beide Wissenschaften sind voneinander unabhängig.

Was Sie von der Graphologie wissen sollten

Bevor Graphologen Schriftsignale „en détail" ausdeuten, studieren sie den Gesamteindruck der Schrift. Sie registrieren Merkmale, wie beispielsweise Schriftgröße, Neigungswinkel der Buchstaben, Regelmäßigkeit und Druckstärke.

Auf den folgenden zwölf Seiten haben wir die wichtigsten Kriterien für eine erste Beurteilung leicht verständlich angeordnet. (Als Quelle dienten die Lehrbücher renommierter Graphologen.)

Lassen Sie sich nicht entmutigen, wenn Sie nicht sofort alles im Gedächtnis behalten können. Die Darstellung ist sehr komprimiert, und Sie können später leicht nachlesen und sich einprägen, was Sie besonders interessiert.

Was verraten die drei Zonen?

Graphologen unterscheiden in der Schrift drei Zonen, die obere (1), mittlere (2) und untere Zone (3).

Zu den Oberlängen zählen Buchstaben, die in die obere Zone reichen, also: b, d, h, k, l, t; Kurzlängen sind Buchstaben, die nur in der Mittelzone stehen: a, c, e, i, m, n, o, r, s, u, v, w, x, z; zu den Unterlängen gehören: g, j, p, q, y. Der Langbuchstabe f reicht in alle Zonen.

Die Buchstaben werden beim Schreiben in den drei Zonen unterschiedlich betont. Wie die einzelnen Variationen aussehen, und was sie alles bedeuten können, wurde in dem folgenden Schema zusammengestellt.

Betonte Oberlängen

intellektuelle Interessen, Begeisterungsvermögen, Oberflächlichkeit, Idealismus, Selbstüberschätzung

Verkümmerte Oberlängen

geringes intellektuelles Streben

Betontes Mittelband

Einordnungsbereitschaft, Schwunglosigkeit, Trägheit, Realitätssinn

Betonte Unterlängen

Starkes Triebleben, Realismus

Verkümmerte Unterlängen

Verkümmertes Triebleben,
Triebabwehr

Große Längenunterschiede.
(Die Ober- und Unterlängen sind im Vergleich zu den Kurzlängen
besonders groß)

Dynamik, Strebsamkeit,
Ehrgeiz,
Unzufriedenheit

Kleine Längenunterschiede.

Ausgeglichenheit,
Vernünftigkeit,
Anspruchslosigkeit

Was signalisieren die Bindungsformen der Buchstaben?

Es gibt vier verschiedene Bindungsformen:

1. Arkade = *im* nach oben gewölbter Rundbogen

2. Girlande = *iuu* umgekehrte Arkade

3. Winkel = *MM* eckige Bindung

4. Faden = *⌒___* fadenförmige Bindung

1. Arkaden werden überwiegend negativ beurteilt.

Anfangsarkade /man Unaufrichtigkeit

Schlußarkade man Verschlossenheit, Zurückhaltung, Hemmung, Kontaktmangel

nach links
eingekrümmte man Scheinheiligkeit,
Schlußarkade Heuchelei, Unaufrichtigkeit

2. Girlandenschriften sprechen für Aufgeschlossenheit, Diplomatie, Weichheit, Nachgiebigkeit und Einfühlungsvermögen.

Anfangsgirlanden in sonst wenig girlanden- förmiger Schrift	*man*	Freundlichkeit, Täuschungsabsicht
Schlußgirlanden in sonst wenig girlanden- förmiger Schrift	*mair*	Gewinnstreben, Täuschungsabsicht

3. Winklige Schriften sprechen für Festigkeit, Entschiedenheit, Widerstandskraft, Durchsetzungsvermögen, Verbohrtheit und Unduldsamkeit.

Anfangswinkel in sonst nicht-winkliger Schrift	*man*	Festigkeit wird angestrebt
Endwinkel in sonst nicht-winkliger Schrift	*man*	Durchsetzungsvermögen und Härte werden angestrebt

4. Fadenschriften sprechen für Beweglichkeit, aber auch für Ausweichen vor Entscheidungen.

Endfaden	*ma*	Diplomatie, psychologischer Spürsinn

Wie häufig sind die Buchstaben verbunden?

Verbunden ist eine Schrift, wenn etwa drei bis vier Buchstaben zügig durchgeschrieben sind. (Nicht gezählt wird das Absetzen, um einen i-Punkt oder t-Strich zu machen.)

Die verbundene Schrift spricht für gute Konzentration, Logik, praktische, theoretische und moralische Anpassung und eventuell Gedankenarmut. (Männer schreiben häufiger verbunden als Frauen.)

Bei unverbundenen Schriften steht mindestens die Hälfte aller Buchstaben eines Wortes getrennt.

Die unverbundene Schrift spricht für Gedankenreichtum, Intuition, Beobachtungsvermögen, aber auch Sprunghaftigkeit, fehlende Konsequenz und geringes Durchhaltevermögen.

Was bedeutet die Schriftlage?

Die Buchstaben können sich nach verschiedenen Richtungen neigen (beispielsweise rechtsschräg, steil oder linksschräg).

Die Neigungswinkel werden mit dem Winkelmesser gemessen.

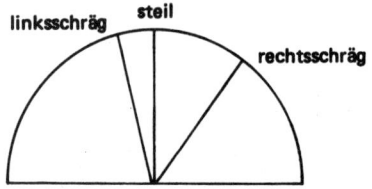

rechtsschräg

Das Problem mi Hellü elfe

Extraversion, Aufgeschlossenheit, Kontaktfreudigkeit, Verbindlichkeit

steil

geschafft hat Zimmers. Die

Selbstbeherrschung, Pflichtbewußtsein, Zurückhaltung

linksschräg

des sprechen anderen Bag

Selbstbezogenheit, geringe Kontaktfähigkeit, Zurückhaltung, Introversion

Was bedeutet die Schriftgröße?

Die Schriftgröße wird an der Größe der Kurzlängen (a, c, e, usw.) gemessen.

große Schrift

Begeisterungsvermögen, Energie, Konzentrationsschwierigkeiten, Selbstbewußtsein

normalgroße Schrift

normaler sozialer Kontakt, normales Selbstbewußtsein

kleine Schrift

Bescheidenheit, Konzentrationsvermögen, Ängstlichkeit

Was verrät die enge oder weite Schrift?

Die einzelnen Buchstaben können eng aneinander gedrängt werden oder in lockerem Abstand zueinander stehen.

extrem enge Schrift

Unaufrichtigkeit, Täuschungsabsicht

29

enge Schrift

Konzentration, Passivität,
Selbstbeherrschung, Zurückhaltung, Zaghaftigkeit

weite Schrift

Aktivität, Spontaneität,
Eifer, Unternehmungslust,
Ungenauigkeit, Ungeduld

Was bedeutet die Regelmäßigkeit?

Die Regelmäßigkeit wird am Gesamteindruck der Schrift bewertet.

regelmäßige Schrift

Willensstärke, Pflicht-
gefühl, Gleichgültigkeit,
Gefühlskälte, Selbst-
beherrschung

unregelmäßige Schrift

Anpassungsschwierigkeit,
Unberechenbarkeit, Unent-
schlossenheit, Gefühlsstärke

30

Was verrät die Druckstärke?

Den Druck erkennt man in den Auf- und Abstrichen. Normalerweise sind die Aufstriche druckloser als die Abstriche. Wenn mit einem Filzstift geschrieben wurde, ist der Druck nur schwer zu erkennen. Wurde ein Kugelschreiber benutzt, kann man die Druckstärke besser feststellen. (Auf der Rückseite des Papiers sieht man die Buchstaben mehr oder weniger deutlich durchgedrückt.)

druckstarke Schrift

Energie, Vitalität,
Triebstärke, Brutalität

druckschwache Schrift

Willensstärke, Labilität,
geringe Widerstandskraft,
Gewandtheit, Diplomatie

Was bedeuten teigige Schriften?

Graphologen bezeichnen eine Schrift als „teigig", wenn die Striche zerflossen und unscharf sind. Sie nennen die Schrift „scharf", wenn der Rand und die Konturen klar sind.

Teigigkeit

Sinnlichkeit, Hang zu
Ausschweifungen

Schärfe

Selbstdisziplin, Konzentration,
Sensibilität

Was bedeutet die Vereinfachung?

Vereinfacht ist eine Schrift, wenn unwesentliche Teile weggelassen werden, die Worte aber trotzdem leicht lesbar bleiben. Dagegen ist eine Schrift bereichert, wenn Schriftteile betont und erweitert werden.

bereicherte Schrift

Geduld, Lebhaftigkeit,
Mangel an Zielstrebigkeit

vereinfachte Schrift

Intelligenz, Beweglichkeit,
Urteilsfähigkeit

vernachlässigte Schrift

Gleichgültigkeit, Groß-
zügigkeit, Oberflächlichkeit,
Rücksichtslosigkeit

Was verrät die Unterschrift?

Die Unterschrift entlarvt vor allem das Selbstbewußtsein, den Ehrgeiz und das Streben nach Erfolg.

die Unterschrift ist so groß wie der sonstige Text

Das Selbstbewußtsein ist so groß wie gezeigt wird

die Unterschrift ist viel größer als der Text

Das Selbstbewußtsein ist geringer, als vorgetäuscht wird

die Unterschrift ist kleiner als der Text

Das Selbstbewußtsein ist größer, als zugegeben wird

aufsteigende Unterschrift

Ehrgeiz, Erfolgsstreben

fallende Unterschrift

Geringe Streß-Stabilität

unterstrichene Unterschrift

Eitelkeit, Egozentrik

Was Sie aus Handschriften erkennen können

Dieses Kapitel ist der Hauptteil des Buches. Aus der Fülle der diagnostischen Möglichkeiten der Graphologie wählten wir die interessantesten und wichtigsten aus. Das sind

Positive und negative Eigenschaften
Sexualität
Erfolgssignale bei Prominenten (Politiker, Manager,
Schauspieler, Schriftsteller)
Krankheiten
Kriminalität

Nach dem ersten Durchlesen der Einzelsymptome sind Sie natürlich noch kein perfekter Graphologe. Sie können die folgenden Seiten jedoch immer wieder lesen und als Nachschlagewerk benutzen, wenn Sie Ihre eigene oder fremde Schriften deuten wollen.

Positive und negative Eigenschaften

Auf den nächsten Seiten erfahren Sie, auf welche Schriftsymptome Graphologen achten. Die wichtigsten Schriftmerkmale wurden 24 positiven und 20 negativen Eigenschaften zugeordnet.

Die Schriftbeispiele sind zu etwa 80% Ausschnitte aus Originalschriften. Es wurden nur Schriften von Personen ausgewählt, welche die entsprechende Eigenschaft tatsächlich besitzen; der Rest wurde in der „Retorte" angefertigt, damit die typischen Merkmale leichter erkannt werden können.

Die diagnostischen Bedeutungen der Schriftmerkmale sind aus über zehn verschiedenen Lehrbüchern der Graphologie entnommen und übersichtlich geordnet. Mit dieser neuen und verständlichen Darstellung der

Schriftmerkmale können Sie Ihre eigene und fremde Schriften leichter analysieren als mit herkömmlichen Fachbüchern der Graphologie.

Wenn Sie die einzelnen Merkmale mit Ihrer eigenen Handschrift vergleichen, wissen Sie, wie von Graphologen Ihre Schrift beurteilt wird. Aber bedenken Sie bitte bei diesem Vergleich, daß ein einzelnes Merkmal noch keine sicheren Schlüsse auf eine Eigenschaft zuläßt. Analysieren Sie deshalb Handschriften stets nach dem Motto: Ein einzelnes Symptom ist kein Symptom. Nur wenn Sie häufig die gleichen Symptome finden, können Sie sich die entsprechende Eigenschaft mit höherer Sicherheit zuschreiben.

Die folgenden 44 positiven und negativen psychologischen Eigenschaften können Sie deuten, sie sind alphabetisch geordnet. *Damit Sie eine Eigenschaft, die Sie besonders interessiert, sofort finden, haben wir die Seitenzahl jeweils dazugeschrieben.*

24 positive Eigenschaften

Positive Eigenschaften

Bescheidenheit

Wer bescheiden ist, schickt sich genügsam in eine bestehende Situation. Die persönlichen Ansprüche sind nicht hoch, und das Verhalten ist eher altruistisch als egoistisch.

geringe Längenunterschiede
in vorwiegend kleiner Schrift

die Anfangsbuchstaben
sind unterbetont

niedrige, schmale Buchstaben

Großbuchstabe als
Kleinbuchstabe geschrieben

breiter oberer Rand

Belastbarkeit

Der tägliche Streß (Ärger, Mißverständnisse, Überstunden) bringt belastbare Menschen nicht aus dem Gleichgewicht. Sie besitzen ein dickes Fell.

meist große Schrift, leicht steil oder rechtsschräg

geradlinige Zeilen, regelmäßige Schrift

voreilende i-Punkte

Beweglichkeit

Wer flexibel ist, besitzt Aufgeschlossenheit für Neues und ist bereit, ständig dazuzulernen.

kurvige Schrift und bogige Buchstaben

eingebundene Oberzeichen

Verknotung des t-Striches

Diplomatie

Diplomatisches Verhalten ist nötig, um ohne harte Zusammenstöße mit Mitmenschen die eigenen Interessen rücksichtsvoll zu realisieren. Der Diplomat vermeidet offene Konflikte; er gleicht aus und schließt Kompromisse.

gut lesbare schlichte Formen

nicht ganz

weiche, drucklose Bogen und Schleifen

dann genau

Endfaden und Fadenbindung

schon immer

kleiner werdende Wortenden

kann

verbundene Buchstaben

Sterne

Durchsetzungsvermögen

Um sich durchzusetzen, ist ein gesundes Selbstbewußtsein nötig. Eigene oder fremde Interessen werden mit Energie und Überzeugungskraft vertreten.

große Schrift
mit häufigen
Überstreichungen

Unterschrift etwas größer
als die Textschrift —
statt der ü-Striche
ein horizontaler Strich

hochgesetzte Querstriche

Ehrgeiz

Ehrgeizige Menschen streben ständig nach privatem und beruflichem Erfolg. Sie sind stark leistungsmotiviert.

übertriebene
Großbuchstaben

41

große Längenunterschiede und
uneinheitliche Höhenschwankungen

 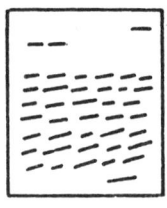

aufsteigende Zeilenführung
oder dachziegelförmig
steigende Zeilen

langer, steiler Anfangsstrich

hochgesetzte i-Punkte

stark ansteigende Überstreichung

Entscheidungsfähigkeit

Nach intensiver, kritischer Überlegung werden Entscheidungen ohne Zaudern und Ängstlichkeit getroffen.

dynamische, druckstarke Schrift

t-Striche betont und verlängert

Winkel und Winkelgirlanden

Fleiß

Diese Eigenschaft zeigt sich im Arbeitsverhalten. Der Fleißige bringt Leistungen mit Energie, Eifer, Ausdauer und Gründlichkeit.

bogige, verbundene — meist kleine — Schrift mit gleichmäßigem Druck

tiefstehende Oberzeichen

niedriger, genau gezogener A-Querstrich oder geknüpfte A-Schleife

Geduld

Geduld zeigt eine gesunde psychische Stabilität. Der Geduldige kann abwarten, ohne nervös oder gereizt zu werden.

uns wissen zu

verbundene, langsame Schrift
gut leserlich

bei günstiger sichte
Bestimmung mit dem
Wandu aus allem

gute Gliederung
bei gerader Zeilenführung

außer der

meist geringe
Längenunterschiede

ist viel

exakt gesetzte Oberzeichen

Großzügigkeit

Wer sich nicht pedantisch im Detail verliert und trotzdem den „roten Faden" sieht, ist großzügig. Im sozialen Kontakt äußert sich Großzügigkeit als Toleranz.

te offen

große Schrift, gute Wort-
und Zeilenabstände

 breiter Rand unten und links

schwungvolle Endstriche

hochgesetzte i-Punkte

Humor

Der Humorvolle hat eine kritische, aber zuversichtliche Einstellung zum Leben.

meist rechtsschräge Girlandenschrift bei steigender Zeilenführung

geschlängelte u-Bogen und Querstriche

Initiative

Diese Eigenschaft entspringt dem Bedürfnis, aus eigenem Antrieb zu
handeln. Wer Initiative besitzt, ist meist auch ideenreich, begeisterungsfähig und vital.

schwungvolle Schrift
winklig und rechtsschräg —

hohe,
voreilende Querstriche

verlängerter Abstrich

Intelligenz

Intelligenz zeigt sich im schnellen, richtigen Erfassen und Lösen von
Problemen.

Vereinfachung von Schriftbild und Buchstabenformen

gute Gliederung und klare Zwischenräume von Worten und Zeilen

46

die   Wegkürzungen

mit   eingebundene Oberzeichen

bisher geht   Oberlängenbetonung

walten,   Fortfall der Schlußzüge
an diesem

hin und her   h-Kurve links oder rechts

bitte   Kleinbuchstabe „b" ohne Schleife

Intuition

Der Intuitive durchdenkt ein Problem nicht nur rational, sondern läßt sich stark von gefühlsmäßigen Eingebungen lenken.

unverbundene Schrift und Schriftvereinfachung

Kunstmarkt

vereinfachte Anfangsbuchstaben

Wie Deine Augen

einzelne betonte Oberlängen

es holen

Kontaktfähigkeit

Kontaktfähigkeit besitzen Personen mit einer offenen, anpassungs-
fähigen und aufgeschlossenen Einstellung zu ihren Mitmenschen.

flüssige, rechtsschräge Schrift

heute sehr herzlich

Girlandenschrift

verstehe mich
zu viel von

verbundene, mittelgroße Schrift mit bogigen Buchstaben

die Sexu

Konzentrationsvermögen

Wer sich stundenlang intensiv in seine Arbeit vertiefen kann, ohne sich ablenken zu lassen, besitzt diese Fähigkeit. Konzentrationsvermögen setzt einen starken Willen und Ausdauer voraus.

in einem — Winkel oder gestraffte Girlanden

15 weiteren — gut gegliederte Schrift bei
in ihrem Los — gleichmäßiger Enge oder
Arbeitseinsat. — Weite

ist — genau gesetzter t-Querstrich

Kreativität

Kreative Personen sind schöpferisch und einfallsreich. Sie besitzen viel Phantasie und sind fähig, neue Ideen zu produzieren.

lag — volle Buchstaben

hab' D, D — sinnvolle Bereicherung (D) oder Vereinfachung (h)

49

Lebhaftigkeit

Lebhafte Menschen wirken natürlich, lebendig und sind kontaktfreudig.

unten breiter werdender Linksrand

Die Adresse wird mit einer
schwungvollen Kurve unterstrichen

Leistungsmotivation

Das Leistungsbedürfnis entspringt oft dem Ehrgeiz, andere zu über-
flügeln. Der Leistungsmotivierte strebt vor allem nach perfekter Arbeit.
Er will durch Leistung Anerkennung finden.

in München.   meist winklige Schrift

wenn   Betonung der Aufstriche

Türken   zunehmende Weite

Ordnungssinn

Unordnung ist diesen Menschen ein Greuel. Sie suchen deshalb stets nach Klarheit und Übersichtlichkeit.

regelmäßiger und normal breiter
Rechts- und Linksrand

Jünstiges und unge liegt im Kranfuia

gerade Zeilen

Köln

Unterstreichungen mit dem Lineal
(dünne Linie oben)

Pflichtbewußtsein

Mit Gründlichkeit, Sorgfalt und Verantwortungsbewußtsein werden notwendige Aufgaben ausgeführt.

nicht mehr

regelmäßige Schrift (gleichbleibende
Weite und Höhe der Buchstaben)

einsichtig

tiefe, im Schreibprozeß sofort
gesetzte Oberzeichen

senkrechter Abstrich beim Fragezeichen

Rechentalent

Zur mathematischen Begabung ist ein ausgeprägtes Rechentalent die
Voraussetzung.

 Zahlensymbole in
den Anfangsbuchstaben

Sachlichkeit

Diese Eigenschaft besitzen Personen, die stets rational und systematisch
ihre Probleme gliedern.

schmaler, allseitiger Rand

eckige, vereinfachte Anfangsbuchstaben

Oberlängen voller als Kurzlängen

Vitalität

Psychische und physische Gesundheit ist mit Dynamik und Lebhaftigkeit gepaart.

meist steile oder leicht rechtsschräge Schrift

gleichmäßiger, starker Druck

schwungvolle Einrollung (e)

Widerhäkchen am Wortende oder -anfang

hohe und schwere i-Punkte

Negative Eigenschaften

Aggressivität

Aggressive Personen werden bereits durch geringe Schwierigkeiten zum Widerspruch gereizt. Sie sind leicht aufbrausend und neigen zu Affekthandlungen.

an- und abschwellender Druck in meist eckiger Schrift

Zeilenverhäkelung

ansteigende t-Striche

ausfahrende Schnörkel, manchmal mit Widerhäkchen

Ängstlichkeit

Der Ängstliche ist unsicher und fühlt sich ständig in Gefahr. Er fürchtet sich vor der Zukunft.

kleine bis sehr kleine Schrift

enge Wortabstände bei
betont weiten Zeilenabständen

sehr breiter Rechtsrand

am Wortanfang unterbetonte
Buchstaben

oval zusammengerückte
Kleinbuchstaben

t-Striche links

enge, schmale
Anfangsbuchstaben

Bosheit

Boshafte Personen verhalten sich unfair und hinterlistig. Mit Gemein-
heit und Sadismus streben sie nach egoistischen Zielen.

für   eckiges Einleitungshäkchen

aus   Kreisrollungen

bestätig   spitz auslaufende t-Querstriche

Brutalität

Übertriebener Ehrgeiz und rücksichtsloser Durchsetzungswille führen
zu brutalem Verhalten. Wenn nötig, setzt sich der Brutale mit Gewalt
durch, nach dem Motto: Der Stärkere hat recht.

trotzdem fiel   Peitschen- und Säbelformen

fit   scharfe, dolchartige Zuspitzungen

hier hat   vergrößerte Krallen

[handwriting] Unterstreichung nach links unten

[handwriting] spitz auslaufende Unterlängen

Egoismus

Eigene Wünsche werden durchzusetzen versucht, gleichgültig, ob dadurch anderen Menschen geschadet wird.

[handwriting] linksläufige Einrollungen

[handwriting] isolierte Betonung der Anfangsbuchstaben

[handwriting] eingerolltes „b"

hohe t-Querstriche

Druck in den Kurzlängen

eckiges Fragezeichen

Eitelkeit

Es besteht ein übertriebenes Bedürfnis nach Anerkennung und Bestäti-
gung.

Verschnörkelungen an Anfangsbuchstaben und im Schriftbild

Weite Anfangsbuchstaben,
meist vergrößert

Unterstreichungen der Unterschrift
durch Endstrich

Erregbarkeit

Das Verhalten wird durch übertriebene Impulsivität und Reizbarkeit gesteuert. Daraus resultieren häufig Affekthandlungen, die hinterher bereut werden.

steigende Zeilen

verstrickte Zeilen
bei übertrieben langen Unterlängen

hohe und schwere i-Punkte

offene Ziffern

Häkchen am t-Querstrich

Geiz

Geiz ist ein egoistisches Streben nach Profit. Daraus resultiert übertriebene Sparsamkeit gegenüber sich selbst und anderen Menschen.

extrem schmale Ränder
an allen vier Seiten

Greifzüge in Großbuchstaben

Intelligenzmangel

Unterdurchschnittliche Intelligenz zeigt sich in geistiger Trägheit, übertriebener Naivität und Unbeholfenheit.

die Schrift hält sich stark
an die Schulvorlage

verkümmerte Oberlängen

einem größer werdende Mittelzone

 sinnlose naive Verzierungen bei Buchstaben und Ziffern

Kontaktmangel

Menschen mit geringer Kontaktbereitschaft sind introvertiert und oft exzentrisch. Sie können sich schlecht anpassen und sind aufgrund psychischer Störungen gehemmt.

deutlich linksschräge Schrift

eingekrümmte Schlußarkaden

nach unten offener u-Bogen

Labilität

Das Selbstbewußtsein ist gestört. Es besteht eine starke Unsicherheit gegenüber der eigenen Fähigkeit.

druckschwache Schrift

Bindungsunvermögen und stellenweise schwer leserliche Fadenbindung

Minderwertigkeitsgefühl

Der Labile gerät rasch aus dem psychischen Gleichgewicht, läßt sich leicht beeinflussen und ist schnell unsicher.

drucklose, magere Schrift mit Ausbesserungen

fallende Zeilen

Unterschrift viel kleiner als der Text

l a o   verengte e, a und o

üüd   gestützte Girlanden

Mißtrauen

Mißtrauische Personen sind meist pessimistisch. Sie suchen mit Skepsis überall nach negativen Symptomen und Schwierigkeiten. Darunter leidet häufig ihre Kontaktfähigkeit.

   nach unten wird der Linksrand schmaler

vergaugeue   abgebrochene Unterschleifen

achtet   Wortende linksschräg

(nach links gesetzte Unterschrift)   nach links gesetzte Unterschrift

5   gekreuzter Strich bei Ziffernkopf

Oberflächlichkeit

Der Oberflächliche engagiert sich zu wenig. Er neigt nur Nachlässigkeit.

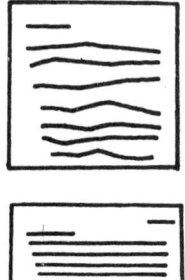

schwankende Zeilen

breiter werdender Linksrand

hochstehende Oberzeichen, oft kommaförmig und voreilend in Fadenschriften

fehlende Buchstaben

fehlende Oberzeichen

vernachlässigte Schrift

Pedanterie

Der Pedantische vertieft sich zu sehr in Details und übersieht oft in seiner Kleinlichkeitskrämerei die Zusammenhänge.

Sie dann zu einem können, zu unserer

langsame, genaue Schrift, an Schulform orientiert

extrem regelmäßiger Links- und Rechtsrand

lieb' Dich.

horizontal genau gesetzte Oberzeichen

Düsseldorf

doppelte Unterstreichung mit Lineal bei Adressen

a o g

isolierte Anstriche vor ‚a', ‚o' und ‚g'

Rücksichtslosigkeit

Ungeniert und brutal wird der eigene Vorteil durchgesetzt, ohne Takt und Rücksicht auf die Mitmenschen.

Ich hatte in

meist eckige, druckstarke Schrift
mit starken t-Strichen

27/8. Zeit
er Termin ist

wechselnder Zeilenabstand
mit Zeilenverhäkelung

über

kurzer Überstreichungsstrich statt ü-Striche

Trege

schräg ansteigende Überstreichung,
bei stärkstem Druck mit Häkchen abbrechend

Selbstüberschätzung

Die eigene Leistungsfähigkeit wird höher eingeschätzt, als die realen Möglichkeiten tatsächlich sind.

Dein
Klaus

übertriebene Breite und Größe
von Anfangs- und Großbuchstaben

wir warte hohe, zusammenhanglos gesetzte
Oberzeichen und t-Striche

bestimmt größer werdende Wortenden

mehr große, aus dem Schriftbild
herausfallende Kurzlängen

B nach links erweiterter B-Bogen

Trägheit

Antriebsarmut und Energielosigkeit charakterisieren das phlegmatische
Verhalten träger Personen.

Stralsund Verkümmerung der Oberlängen

Hans schmale, niedrige Anfangsbuchstaben

Sonntag — sehr schwacher Druck

wollte — geringe Längenunterschiede
und deutliche Mittelbandbetonung

Unaufrichtigkeit

Unaufrichtige Personen glauben, durch Lüge, Täuschung und Hinterlist
mehr zu erreichen.

leitete ich — Verbesserungen und
Abteilung — starke Durchstreichungen

an, um uns — Deckzüge (Auf- und Abstrich
fallen fast zusammen)

Kreisbewegungen,
die zu einem Punkt zusammenfließen

ohne — teigige Einrollungen

Elan — nach links eingekrümmte Schlußarkade

besinnen   gestützte Arkade

?   der Punkt beim Fragezeichen als Kreis

immm   versteckte Lötstellen im Wortinnern

iellei   Verschleifungen (n)

Unzuverlässigkeit

Durch Mangel an Verantwortungsbewußtsein und Pflichtgefühl wird
der Unzuverlässige gekennzeichnet.

       erschwerte Lesbarkeit durch
Oberflächlichkeit

       Einrollungen beim Wortanfang

       zerbrochene Buchstaben

Sexualität

Das Triebleben manifestiert sich nach der Meinung fast aller Graphologen in den Unterlängen. Mit besonderer Sorgfalt wurde vor allem der Buchstabe „g" in seinen verschiedenen Variationen untersucht. Eingerollte, offene g-Schleifen signalisieren nach Meinung der Graphologen Impotenz, 8-förmige g-Schleifen lassen auf lesbische Tendenzen schließen.

Die Diagnose der Sexualität ist besonders reizvoll, aber artet auch leicht in dilettantische Deutelei aus, wenn aus einer einzelnen g-Schleife auf das gesamte sexuelle Verhalten geschlossen wird. Ein einzelnes Symptom ist auch hier kein Symptom.

Je mehr g-Schleifen auf dasselbe Symptom hinweisen, desto wahrscheinlicher wird die entsprechende Diagnose zutreffen. Um ein wirklich exaktes Urteil zu fällen, muß stets die Gesamtschrift beurteilt werden. Kontaktfähigkeit, Vitalität, Intelligenz, Aggressivität, Eitelkeit und Egoismus sind Eigenschaften, die das Sexualleben beeinflussen.

Die Sexualität und ihre Signale in der Schrift

Normale Sexualität		Schnittpunkt der g-Schleife auf der Schreiblinie
Geringe Sexualität		Unterlänge ohne Schleife

Stark ausgeprägte
Sexualität

schwungvolle
g-Schleife

Überbetonung
der Sexualität

breite, übertriebene
Verschnörkelung in
der g-Schleife

Unbewußter Wunsch nach
sexuellen Abenteuern

extreme Unterlänge

Neigung zu
Polygamie
und Untreue

verschiedene
g-Schleifen
in einer Schrift

Starke erotische Phantasie, Tendenz zur Onanie

aufgebauschte, langsam geschriebene g-Schleife

Angst vor erotischen Bindungen

nach rechts ausgreifende, offene g-Schleife

druckschwache, geschlossene, nach links gedrückte Schleife

Sexuelle Minderwertigkeitskomplexe

nach links durchgebogene g-Schleife

Sexuelle Enttäuschung		dreieckige g-Schleife
		abgebrochene g-Schleife
Enthaltsamkeit aus Mangel an Gelegenheit		breiter g-Kopf und sehr schmale Schleife
Neigung zur Frigidität		vernachlässigte, schwache Unterlänge
		geknickte, offene g-Schleife

Impotenz  eingerollte, offene Schleife

Lesbische Tendenz  g-Schleife als „8"

Homosexuelle Tendenz  übertriebene, nach links ausgedehnte j-Schleife

Erfolg

Am besten dokumentieren Erfolgsmerkmale die Schriften von Managern und Politikern. Auf den Seiten 82, 83, 84 und 85 finden Sie zehn Unterschriften von Top-Managern und Signaturen von vier bekannten deutschen Politikern.

Wir baten zwanzig erfolgreiche Deutsche verschiedener Berufsrichtungen um die Übersendung einiger handgeschriebener Zeilen, um ihre Schrift hier abzudrucken. Die Angst vor der Graphologie war jedoch unerwartet groß. Von zwanzig angeschriebenen Prominenten antworteten zwölf erst gar nicht. Von fünf kamen höfliche Absagen, meist von Sekretärinnen und Sekretären unterschrieben.

Der Bundestrainer Helmut Schön ließ durch seine Frau mitteilen, daß er wegen einer Operation „noch dringend der Schonung bedarf".

Der Großverleger Axel Springer sicherte sich allseitig ab. Falls uns durch Zufall ein Zettel mit seiner Schrift in die Hand gekommen wäre, hätten wir davon nichts abdrucken können, denn er ließ darum bitten, „in Ihrem Buch nicht graphologisch beurteilt zu werden".

Der prominente deutsche Sammler aktueller Kunst und Mitinhaber der Aachener „Trumpf"-Schokoladen-Werke Leonhard Monheim GmbH, Dr. Peter Ludwig, hatte folgendes Argument für seine Absage parat: „muß ich Ihnen mitteilen, daß ich mich keineswegs für prominent halte".

Nur drei Schriftproben können wir abdrucken. Die beliebte Schauspielerin Inge Meysel, Deutschlands prominenteste Liebeshelferin Beate Uhse und der Erfolgsdichter Heinrich Böll hatten Mut genug, sich in ihre Schrift sehen zu lassen.

Auf den nächsten sechs Seiten haben wir die prominenten Zeilen abgedruckt. Die linke Seite zeigt einen Ausschnitt in Originalgröße, die rechte Seite zeigt den vollständigen Brief (etwas verkleinert).

So schreibt Inge Meysel

und das verrät ihre Schrift:

Belastbarkeit	(Symptome: große, leicht rechtsschräge, regelmäßige Schrift, geradlinige Zeilen)
Entscheidungsfähigkeit	(Symptome: dynamische, druckstarke Schrift, Bindungsform: Winkelgirlanden)
Intelligenz	(Symptome: Wegkürzungen, Oberlängenbetonung, Vereinfachung von Schriftbild und Buchstabenform)
Vitalität	(Symptome: gleichmäßig starker Druck, schwungvolle Einrollungen)

Frkf./M.
13. 9. 70

Lieber Herr Lüster,
nun haben Sie meine
Schrift! — Aber dass Ihr
graphologischer kommen-
tar mir Erfolgs merk-
male nennt, finde ich
uninteressant! Wenn
schon — denn schon!
Beste Grüße Ihre Meysel

und das verrät ihre Schrift:

Diplomatie	(Symptome: gut lesbare, schlichte Formen, weiche, drucklose Bogen und Schleifen, Fadenbindungen und Endfaden)
Intelligenz	(Symptome: Vereinfachung von Schriftbild und Buchstabenformen, gute Gliederung und klare Zwischenräume von Worten und Zeilen)

Flensburg
14.- 8.- 70

Sehr geehrter Herr Lauster,
herzlichen Dank für Ihre Zeilen!
gern schreibe ich Ihnen heute.
Ihr ... interessiert mich.

Bitte ... lassen Sie den
Stalling-Verlag mir nach
Erscheinen 1 Exemplar zu ...

Freundliche Grüße
Berta Roth...

So schreibt Heinrich Böll

und das verrät seine Schrift:

Intelligenz

(Symptome: Vereinfachung von Schriftbild
und Buchstabenformen, Wegkürzungen,
gute Gliederung und klare Zwischenräume
von Worten und Zeilen)

Intuition

(Symptome: unverbundene Buchstaben,
Vereinfachung der Schrift, vereinfachte
Anfangsbuchstaben)

_ich mich freuen, wenn ich Ihnen
vor der Publikation sehen könnte._

_mit freundlichen Grüßen
Ihr
Heinrich Böll_

10.11.70

Sehr geehrter Herr Lauster,

Verzeihen Sie meine verspätete Antwort: ich war lange unterwegs, treue auch
s nun ich mein Korrespondenz ver-
nachlässigen. Hoffentlich kommt dieser
Brief noch früh genug. Natürlich würde
ich mich freuen, wenn ich Ihren Text
vor der Publikation sehen könnte.

          mit freundlichen Grüßen
                    JL
          Heinrich Böll

So unterschreiben zehn Top-Manager

Wenn jemand seine Unterschrift schreibt, verrät er mehr über sich als bei einem neutralen Wort. Natürlich kann ein Graphologe kein Gutachten allein aus der Signatur erstellen; er kann höchstens dominierende psychische Tendenzen feststellen.

Aus den Signaturen von zehn deutschen Managern wurden zwei bis drei Eigenschaften analysiert. Auffallend ist, daß wir sehr häufig Diplomatie, Ehrgeiz und Energie lokalisiert haben.

Kurt Hansen, Präsident der Gesellschaft Dt. Chemiker e. V.

Anpassungsfähigkeit, Fleiß

Ernst Wolf Mommsen, ehem. Krupp-Generaldirektor, früh. Staatssekretär im Verteidigungsministerium

Intuition, Diplomatie, Ehrgeiz

Hermann J. Abs, Ehren-Aufsichtsratsvorsitzender der Deutschen Bank AG

Diplomatie, Vitalität

Rudolf Münnemann, gescheiterter Finanzexperte

Ehrgeiz,
Initiative

Konrad Henkel, Dr. Ing., Inhaber der Henkel & Cie. GmbH

Selbstbewußtsein,
Ehrgeiz, Durch-
setzungsvermögen

Dr. Walter Boveri, Ehrenpräsident von BBC

Ehrgeiz, Durch-
setzungsvermögen,
Energie

83

Max Grundig, Inhaber der Grundig-Werke

Ehrgeiz,
Kontaktfähigkeit

Dr. Egon Overbeck, Generaldirektor von Mannesmann

Diplomatie,
Energie

Otto A. Friedrich, Geschäftsführender Gesellschafter der Friedrich Flick KG (unlängst verstorben)

Durchsetzungs-
fähigkeit

Willy Ochel, ehem. Vorsitzender des Aufsichtsrates der Hoesch AG

Beweglichkeit,
Kontaktfähigkeit

So unterschreiben vier Politiker

Franz Josef Strauß

Konzentrations-
fähigkeit, Energie,
Durchsetzungs-
fähigkeit

Willy Brandt

Aktivität,
Intuition

Herbert Wehner

Leistungsmotivation,
Sensibilität

Walter Scheel

Selbstbewußtsein,
Gelassenheit, Humor

Krankheiten

Viele ernstzunehmende Graphologen behaupten, daß gesundheitliche Krisen und Krankheiten aus der Schrift diagnostiziert werden können. Der Graphologe E. Hoferichter entdeckte sogar „365 Krankheiten in der Handschrift" und gab auch seinem Buch diesen Titel.

Der Franzose Duparchy-Jeannez versuchte bereits im Jahre 1919, Magen-, Darm- und Leberkrankheiten aus der Schriftlage und Druckverteilung zu analysieren. Die Einzelbeispiele des Franzosen lassen sich jedoch nach Meinung vieler Graphologen nicht verallgemeinern. Philipp Miller, Verfasser einer „Einführung in die Graphologie" glaubt, daß insbesondere Herzkrankheiten in der Schrift sichtbar würden. Die graphologisch ausgebildeten Mediziner streiten sich allerdings noch darüber, welche Krankheiten sich in der Schrift niederschlagen und welche verborgen bleiben.

In Amerika konnten Medizin-Graphologen indes große Erfolge verbuchen. Einer von Präsident Dwight D. Eisenhowers Leibärzten, Dr. Eliasberg, vom Walter-Reed-Hospital, untersuchte die Handschrift des Präsidenten sorgfältig unter dem Mikroskop. Er konnte nachweisen, daß sich das Schriftbild bereits sieben bis neun Tage vor einem bevorstehenden Herzanfall veränderte. Nach dieser Entdeckung konnten die therapeutischen Maßnahmen vor jedem Anfall rechtzeitig eingesetzt werden.

Vor allem die großen amerikanischen Lebensversicherungsgesellschaften lassen Graphologen für sich arbeiten, um sicherer zu wissen, ob ein neuer Klient vom Herzinfarkt bedroht wird oder nicht. Das Alter des Antragstellers allein ist für sie keine ausreichende Beurteilungsgrundlage mehr.

Die Infarkt-Hellseherei ist keine Scharlatanerie. Das Deuteprinzip ist sehr plausibel, denn unter dem Mikroskop wird die Mikromotorik der Hand sichtbar. Herzstörungen, die das Elektrokardiogramm (EKG) in der Ordination des Arztes aufzeichnet, zeigt die Schrift schon früher.

Der Graphologe Elmar Th. Schmidt meint sogar festgestellt zu haben, daß Krebs sich, bereits im Frühstadium, in der Handschrift ankündigt.

Auf den folgenden Seiten haben wir die wichtigsten und leicht erkennbaren in der Graphologie-Literatur beschriebenen Schwäche- und Krankheitsanzeichen zusammengestellt.

Zunächst Symptome für Erregung, Enttäuschung, Überarbeitung und Nervosität sowie das Schriftbild einer Alkoholikerin und einer Haschischraucherin.

Erregung

überstarker Druck
beim Schluß-l

Enttäuschung

Strich durch Buchstaben —
bei der Unterschrift
evtl. Selbstmordgedanken

Überarbeitung

kaum lesbare Fadenwörter

nach links gebogene und
verkürzte g-Schleife

Nervosität

zittrige Schrift

negctaiden

Verschreibungen

eick

Verbesserungen

wenn

zusammengeflickte Buchstaben

schwankende Zeilen

Handschrift einer Alkoholikerin

Die beiden abgebildeten Schriftbeispiele stammen von einer 50jährigen Frau, die seit zehn Jahren alkoholsüchtig ist.

In nüchternem Zustand:

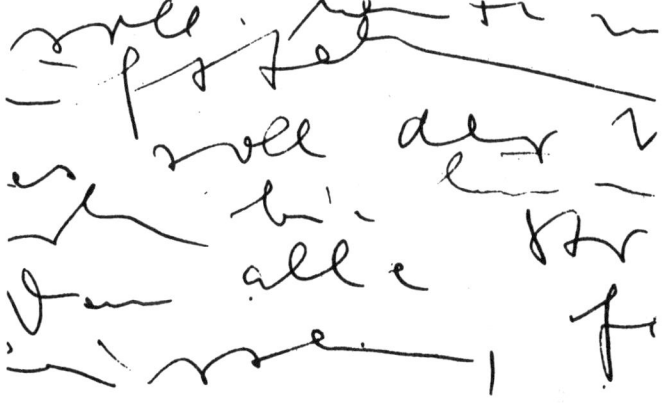

Unter Alkoholeinfluß:

Die Zeilen schwanken, die Schrift ist extrem unregelmäßig und die Fadenbindungen sind schwer leserlich. Diese Schriftveränderung zeigt die Labilisierung durch Alkohol.

Handschrift einer Haschisch-Raucherin

Die beiden abgebildeten Schriftbeispiele stammen von einer 20jährigen Studentin, die seit zwei Jahren häufig Haschisch raucht.

In nüchternem Zustand:

Unter Haschisch-Einfluß:

Die Zeilen in der zweiten Schriftprobe schwanken und steigen, die Buchstaben sind sehr unregelmäßig und teilweise rechtsschräg (während sie in nüchternem Zustand linksschräg sind). Diese Schriftveränderung zeigt die Tendenz zu verstärkter Kontaktbereitschaft. Die Zahlen und der Text sind Assoziationen unter Drogeneinfluß.

Drüsenkrankheit

verbogene Oberlängen
beim „h"

extreme
Unregelmäßigkeit

Herzerkrankungen

Herzform bei dem
Buchstaben „o"

zarte Drucklosigkeit,
flimmerndes Schriftbild

Kreislaufstörungen

Strichunterbrechungen

zerrissene Buchstaben

91

Geisteskrankheiten

Die verschiedenen Geisteskrankheiten sind in der Psychiatrie schwer voneinander abzugrenzen. Hysterie, Manie, Depression und Schizophrenie zählen zu den häufigsten und relativ gut erforschten geistigen Erkrankungen. Sie können im Schriftbild durch ihre auffallenden Besonderheiten bei fortgeschrittenem Krankheitsstadium leicht erkannt werden.

Hysterie

Diese Krankheit äußert sich u. a. in folgenden körperlichen und seelischen Symptomen: Sinnesstörungen, Krampfanfälle, Lähmungen und Infantilismus.

Formübertreibungen

starke Linksläufigkeit der Oberlängen

Depression

Die traurige Grundstimmung (Schwermut, Hoffnungslosigkeit, Verzweiflung) besteht ohne äußeren Anlaß und wird als Gefühl der „inneren Leere" beschrieben.

herabgedrückte Oberlängen

92

Manie

Die heitere Grundstimmung ist unmotiviert. Sie äußert sich in gleichbleibend übermütiger, strahlender Laune mit der Tendenz zur Enthemmung und Selbstüberschätzung.

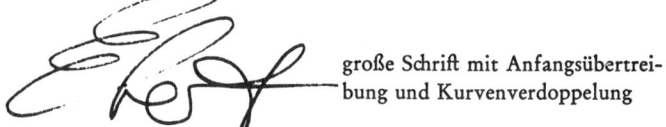

große Schrift mit Anfangsübertreibung und Kurvenverdoppelung

Schizophrenie

Die Schizophrenie ist die häufigste Geisteskrankheit. Die Patienten leiden unter anderem an Wahnideen, Sinnestäuschungen sowie Gefühls- und Antriebsstörungen.

auffallend merkwürdige Verzierungen und häufige Einrollungen

extreme Unverbundenheit

Kriminalität

Die Handschriften von Kriminellen fanden schon früh das Interesse der Graphologen. Die klassischen Untersuchungen stammen von der Graphologin Roda Wieser. Sie hat an 2000 Verbrecherschriften festgestellt, daß 72% der untersuchten Mörder ausgeprägt linksschräg schrieben, dagegen nur 14% der Normalbevölkerung. Auch 58% der Betrüger und 47% der Einbrecher schrieben ihre Buchstaben linksschräg.

Die Kriminal-Graphologin konnte außerdem empirisch nachweisen, daß Kriminelle wenig elastisch schreiben. Ihre Handschriften wirken leer, leblos, starr, monoton oder infantil. Kriminelle schreiben oft mit sehr starkem Druck, teigigen Buchstaben oder starken Richtungsschwankungen.

Manchmal sind die Schriften von Straffälligen auch unauffällig. Hinter der Schrift des vierfachen Kindermörders Jürgen Bartsch hätte niemand einen Sexualverbrecher vermutet. Auffällig ist unter anderem nur seine Unterschrift, die ein gestörtes Verhältnis zu seiner Person und Umwelt zeigt und nach links gebogene h-Schleifen, die Drüsenstörungen signalisieren.

Eine Strafvollzugsanstalt in Nordrhein-Westfalen hat uns Handschriften (mit Angabe des Delikts, der Vorstrafen, des Alters und Geschlechts) zur graphologischen Auswertung zur Verfügung gestellt. Auf den folgenden Seiten zeigt eine Auswahl von sechs Schriften, welche Merkmale und Eigenschaften (in Stichworten) besonders auffällig sind.

Betrug

37 Jahre, fünf Vorstrafen

1 des Grundgesetzes lautet:

" Die Würde des Menschen ist unantastbar.
 Sie ist zu achten und zu schützen
 ist Verpflichtung aller staatlichen
 Gewalt. "

fallende Zeilen:	Melancholie, Antriebsunlust, Spannungslosigkeit, Minderwertigkeitsgefühl
linksschräg:	Kontaktmangel, Introversion
Greifzüge (im G, W + V):	Egoismus, Habgier
t-Strich links:	Vorsicht, Mißtrauen, Ängstlichkeit
gestützte Arkaden:	Unaufrichtigkeit
betontes Mittelband:	Trägheit, Schwunglosigkeit
breite Anfangsbuchstaben:	Selbstüberschätzung

Schwerer Diebstahl

29 Jahre, sechs Vorstrafen

Art. 1 des Grundgesetzes lautet:
"Die Würde des Menschen ist unantastbar. Sie zu achten und zu schützen ist Verpflichtung aller staatlichen Gewalt."

fallende Zeilen:	Melancholie, Antriebsunlust, Spannungslosigkeit, Minderwertigkeitsgefühle
schmaler werdender Linksrand:	Vorsicht, Mißtrauen
Greifzüge:	Egoismus, Habgier
rechtsschräg:	normale Kontaktfähigkeit
Endfaden:	Diplomatie
eckige g-Schleifen:	Härte, Profitdenken

Kuppelei und Zuhälterei

22 Jahre, sechs Vorstrafen

Art. 1. des Strafgesetzes lautet:
Die Würde des Menschen ist unantastbar.
Sie zu achten und zu schützen ist Verpflichtung
aller staatlichen Gewalt.

schwankende Zeilen:	Oberflächlichkeit
unregelmäßiger Rechtsrand:	unausgewogenes Verhältnis zur Umwelt
Unverbundenheit:	Täuschungsabsicht, Intuition
betontes Mittelband:	Trägheit, Schwunglosigkeit
niedrige Oberlängen:	geringes intellektuelles Streben
meist eckige g-Schleifen:	Profitdenken
rechtsschräg:	normale Kontaktfähigkeit
stilisierte Schrift:	Täuschungsabsicht

33 Jahre, eine Vorstrafe

Artikel 1. des Grundgesetzes lautet:
" Die Würde des Menschen ist unantast-
bar. Sie zu achten und zu schützen
ist Verpflichtung aller staatlichen
Gewalt."

fallende Zeilen:	Melancholie, Antriebsunlust, Spannungslosigkeit, Minderwertigkeitsgefühle
häufige Einrollungen:	Eitelkeit, Egoismus, Vitalität
dolchartige t-Zuspitzungen:	Bosheit, Aggressivität
sehr starker Druck:	Härte, Brutalität
schwankende Zeilen:	Oberflächlichkeit
Zeilenverhäkelungen:	Erregbarkeit, Aggressivität
eckige g-Schleifen:	Profitdenken, sexuelle Enttäuschung

Unterschlagung

43 Jahre, 30 Vorstrafen

[handschriftlicher Text:]

Artikel I des Grundgesetzes lautet:
die Würde des Menschen ist unantastbar.
Sie zu achten und zu schützen ist
Verpflichtung aller Staatlichen Gewalt

nach oben gewölbte Zeilen:	Lebhaftigkeit, rasch erlahmender Eifer
Greifzug im S:	Egoismus, Habgier
Unregelmäßige Schrift:	Erregbarkeit, Impulsivität, innere Unruhe
Verschleifung (M):	Unaufrichtigkeit
Einrollungen (a, d):	Egoismus, Unaufrichtigkeit
schwankende Zeilen:	Labilität, Oberflächlichkeit

25 Jahre, keine Vorstrafen

[handschriftlicher Text] Artikel eins des Grundgesetzes lautet: Die Würde des Menschen ist unantastbar. Sie zu achten und zu schützen ist Verpflichtung aller staatlichen ist Verpflichtung aller staatlichen Gewalt.

schwankende Zeilen:	Oberflächlichkeit
kleine Schrift:	Ängstlichkeit, Bescheidenheit
groß aufgebauschte g-Schleifen:	starke Sexualität
unverbundene Buchstaben:	Täuschungsabsicht, Intuition
eingekrümmte Schlußarkade (n bei Menschen):	Unaufrichtigkeit

Verbessern Sie Ihre Position!

Tips für Bewerber

Psychologen und Personalberater haben festgestellt: Zwei Drittel aller Bewerbungen fallen direkt unter den Tisch, weil die Bewerber taktische Fehler machen, ihren Lebenslauf ungeschickt formulieren oder von Graphologen aussortiert werden. Wenn Sie Ihre Stellung wechseln, sollten Sie deshalb einige Tips beachten, damit Sie Ihre Chancen als Bewerber erhöhen.

Zunächst dies: Orientieren Sie sich über den Stellenmarkt nicht nur in den Samstagausgaben Ihrer Tageszeitung, sondern lesen Sie auch Fachzeitschriften, die für Ihren Berufszweig interessant sind.

Wenn Sie eine Anzeige gefunden haben, die Sie anspricht, informieren Sie sich, bevor Sie eine umfangreiche Bewerbung absenden, über wichtige Daten und Informationen, die in Stellenanzeigen oft fehlen: Gehalt, Verantwortung, Zahl der Mitarbeiter, betriebliche Altersversorgung, Aufstiegschancen.

Wenn der Personalchef am Telefon unfreundlich und desinteressiert ist, können Sie sich Ihre Bewerbung sparen, weil die Position nicht sehr wichtig genommen wird oder die Firma bereits einen Bewerber in petto hat.

Wenn Sie Ihre Bewerbungsunterlagen zusammenstellen, sollten Sie folgendes beachten:

● Legen Sie alle Schul- und Studienzeugnisse der Bewerbung bei, denn Lücken erwecken Mißtrauen.

● Nennen Sie Vorgesetzte, Lehrer, Professoren und Kunden nur als Referenzen, wenn Sie die betreffenden Personen zuvor informiert haben. Denn: Etwa 80% der Firmen rufen die angegebenen Referenzen an!

● Schicken Sie ein Portrait, kein Ganzbild im Familienkreis.

● Fügen Sie einen handgeschriebenen Lebenslauf den Unterlagen bei.

Der erfolgreiche Lebenslauf

Ihre Handschrift wird bei den meisten Firmen unter die Lupe eines Graphologen gelegt. Die Schriftanalyse gehört in Deutschland, Österreich und der Schweiz zum Einstellungszeremoniell. In vielen Personalanzeigen wird der handschriftlich geschriebene Lebenslauf ausdrücklich verlangt. Siehe Beispiel rechts.

Viele Firmen setzen den handgeschriebenen Lebenslauf stillschweigend voraus. Versenden Sie deshalb Ihre Lebensdaten nie maschinenschriftlich, dann ersparen Sie der Firma eine offizielle Aufforderung und das Vorurteil, daß Sie unsicher sind oder etwas verbergen wollen.

Suchen Sie eine neue Aufgabe?

ÄRZTEBESUCHER

— Mitarbeiter in unserem medizinisch-wissenschaftlichen
Außendienst —

EIN MODERNES BERUFSBILD

Was wir suchen, sind junge, dynamische Persönlichkeiten, intelligent, kontaktfreudig, begeisterungsfähig, die bereit sind zu ständiger Weiterbildung.

Als „Ärztebetreuer" werden Sie Aufgaben übernehmen in allen Fragen, die die qualifizierte Information der Ärzte in Praxis und Klinik über unsere pharmazeutischen Spezialitäten betreffen.

Wir sind ein modernes forschendes Unternehmen der pharmazeutischen Industrie. Unsere Erfolge sind das Ergebnis der Arbeit eines wachen, verantwortungsbewußten Teams. Der Erfolg Ihrer eigenen Arbeit wird sich in Ihrem Einkommen widerspiegeln.

Ihr Gehalt und die sozialen Leistungen sind dem fortschrittlichen Stil unseres Hauses angepaßt.

Bitte reichen Sie uns Ihre handgeschriebene Bewerbung mit Lichtbild sowie tabellarischem Lebenslauf und Zeugnisabschriften ein.

TROPON ARZNEIMITTEL KÖLN

5 Köln 80, Berliner Straße 220—232

Das sollten Sie beachten:

1. Schreiben Sie Ihren Lebenslauf mit einem guten Füllfederhalter, nicht mit einem Kugelschreiber oder Filzstift.

2. Benutzen Sie keine wäßrig-hellblaue, sondern eine dunkelblaue Tinte. Wollen Sie die Eigenschaften Energie, Willensstärke und Durchsetzungsvermögen noch unterstreichen, benutzen Sie blauschwarze Tinte.

3. Schreiben Sie nur auf weißes Papier.

4. Benutzen Sie möglichst eine weiche Unterlage.

5. Verwenden Sie unliniertes Papier. Aber schreiben Sie mit Linienblatt, damit Ihre Zeilen nicht abwärts wandern.

6. Achten Sie auf gute Randaufteilung und quetschen Sie Ihre Unterschrift nicht unten hin. Wenn Sie mit dem Platz nicht auskommen, setzen Sie den Text auf der zweiten Seite fort.

Schriftsymptome, die Sie unbedingt vermeiden sollten

Im folgenden wurden 17 Schriftsymptome zusammengestellt, die von Graphologen besonders negativ beurteilt werden.
Bevor Sie eine Bewerbung versenden, können Sie nach dieser Symptomliste Ihren Lebenslauf nochmals überprüfen. Die meisten negativen Merkmale lassen sich ausmerzen, ohne daß Sie Ihre individuelle Schrift verstellen müssen.

Verbesserungen,
Durchstreichungen

Unaufrichtigkeit,
Nervosität

zerbrochene Buch-
staben

Unzuverlässigkeit

fehlende Buch-
staben

Oberflächlichkeit

extrem schmale
Ränder an allen
vier Seiten

Geiz

fallende Zeilen

Minderwertigkeits-
gefühl, Melancholie

Lötstellen (zu-
sammengeflickte „n")

Nervosität

scharfe, dolchartige Zuspitzungen  Brutalität

übertriebene Breite und Größe von Anfangsbuchstaben Selbstüberschätzung

Verschnörkelungen  Eitelkeit

linksläufige Einrollungen  Egoismus

eingekrümmte Schlußarkade	*gehen*	Kontaktmangel, Unaufrichtigkeit
Greifzüge in Großbuchstaben	*Gauz*	Geiz
Verkümmerte Oberlängen	*beten*	Intelligenzmangel
gestützte Arkaden	*Zimmer*	Unaufrichtigkeit
schmale, enge Anfangsbuchstaben	*Urteil*	Ängstlichkeit

Deckzüge  Unaufrichtigkeit

Zeilenverhäkelung Aggressivität,
Erregbarkeit

Wonach Graphologen
in der Handschrift suchen

Schriftgutachter forschen im Auftrag der Firmen für die gesuchte Position nach der idealen Kombination von Eigenschaften in der Bewerberschrift. Für vier Berufe (Sekretärin, Lehrer, Verkäufer, Manager) haben wir die idealen Eigenschaften in vier Profilen mit einer Skala von 1 bis 9 nach ihrer Wichtigkeit bewertet.

Wenn Sie die Profile betrachten, sehen Sie, welche Eigenschaften besonders gefragt werden und welche für den betreffenden Beruf unwichtig sind oder stören.

Auf einer neunstufigen Skala werden 21 verschiedene Eigenschaften mit einem Kreuz bewertet. Steht das Kreuz bei den Ziffern 1 bis 3, ist die Eigenschaft unwichtig oder störend, im Bereich 4 bis 6 durchschnittlich wichtig und bei 7 bis 9 sehr wichtig.

Eigenschaften und Fähigkeiten	Bewertungsskala								
	1	2	3	4	5	6	7	8	9
Aggressivität					X				
Ängstlichkeit	X								
Belastbarkeit								X	
Durchsetzungsvermögen								X	
Eitelkeit			X						
Entscheidungsfähigkeit									X
Fleiß						X			
Initiative							X		
Intelligenz							X		
Intuition					X				
Kontaktfähigkeit								X	
Konzentrationsvermögen								X	
Kreativität						X			
Labilität		X							
Leistungsmotivation									X
Ordnungssinn					X				
Pedanterie			X						
Rücksichtslosigkeit		X							
Sachlichkeit						X			
Unzuverlässigkeit	X								
Vitalität									X

Auf einer neunstufigen Skala werden 21 verschiedene Eigenschaften mit einem Kreuz bewertet. Steht das Kreuz bei den Ziffern 1 bis 3, ist die Eigenschaft unwichtig oder störend, im Bereich 4 bis 6 durchschnittlich wichtig und bei 7 bis 9 sehr wichtig.

Eigenschaften und Fähigkeiten	Bewertungsskala								
	1	2	3	4	5	6	7	8	9
Aggressivität		X							
Ängstlichkeit		X							
Belastbarbeit					X				
Durchsetzungsvermögen						X			
Eitelkeit					X				
Entscheidungsfähigkeit					X				
Fleiß								X	
Initiative						X			
Intelligenz						X			
Intuition				X					
Kontaktfähigkeit								X	
Konzentrationsvermögen							X		
Kreativität				X					
Labilität		X							
Leistungsmotivation			X						
Ordnungssinn								X	
Pedanterie				X					
Rücksichtslosigkeit	X								
Sachlichkeit						X			
Unzuverlässigkeit	X								
Vitalität							X		

Auf einer neunstufigen Skala werden 21 verschiedene Eigenschaften mit einem Kreuz bewertet. Steht das Kreuz bei den Ziffern 1 bis 3, ist die Eigenschaft unwichtig oder störend, im Bereich 4 bis 6 durchschnittlich wichtig und bei 7 bis 9 sehr wichtig.

Eigenschaften und Fähigkeiten	Bewertungsskala								
	1	2	3	4	5	6	7	8	9
Aggressivität	X								
Ängstlichkeit		X							
Belastbarkeit						X			
Durchsetzungsvermögen					X				
Eitelkeit		X							
Entscheidungsfähigkeit							X		
Fleiß							X		
Initiative								X	
Intelligenz								X	
Intuition							X		
Kontaktfähigkeit									X
Konzentrationsvermögen					X				
Kreativität						X			
Labilität		X							
Leistungsmotivation				X					
Ordnungssinn					X				
Pedanterie		X							
Rücksichtslosigkeit	X								
Sachlichkeit						X			
Unzuverlässigkeit	X								
Vitalität							X		

Das ideale Verkäuferprofil

Auf einer neunstufigen Skala werden 21 verschiedene Eigenschaften mit einem Kreuz bewertet. Steht das Kreuz bei den Ziffern 1 bis 3, ist die Eigenschaft unwichtig oder störend, im Bereich 4 bis 6 durchschnittlich wichtig und bei 7 bis 9 sehr wichtig.

Eigenschaften und Fähigkeiten	1	2	3	4	5	6	7	8	9
Aggressivität			X						
Ängstlichkeit		X							
Belastbarkeit						X			
Durchsetzungsvermögen					X				
Eitelkeit		X							
Entscheidungsfähigkeit					X				
Fleiß						X			
Initiative								X	
Intelligenz					X				
Intuition				X					
Kontaktfähigkeit									X
Konzentrationsvermögen				X					
Kreativität				X					
Labilität		X							
Leistungsmotivation					X				
Ordnungssinn					X				
Pedanterie			X						
Rücksichtslosigkeit	X								
Sachlichkeit				X					
Unzuverlässigkeit		X							
Vitalität							X		

Wie gut sind Ihre Graphologiekenntnisse?

Zweiter Test

Mit diesem Test können Sie prüfen, wieviel Ihnen die Lektüre des Buches bereits genützt hat. Beantworten Sie bitte die folgenden 20 Fragen über wichtige graphologische Merkmale jeweils mit dem Kreuz. Auf Seite 125 können Sie Ihre Antworten in einer Punkttabelle auswerten und Ihre Graphologiekenntnisse einschätzen.

Frage 1:
Welches der drei folgenden Schriftbeispiele spricht für Ehrgeiz?

hat   1 ☐

hat   2 ☐

hat   3 ☒

Frage 2:
Das Wort „mich" zeigt

Oberflächlichkeit	1	☐
Aggressivität	2	☐
Intelligenz	3	☒

Frage 3:
Wie deuten Graphologen nach links eingekrümmte Schlußarkaden?

Egoismus	1	☐
Trägheit	2	☐
Unaufrichtigkeit	3	☒

Frage 4:
Das Schriftbeispiel bedeutet

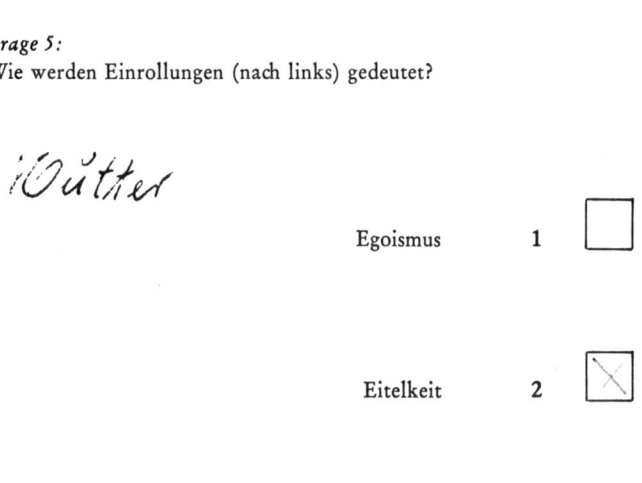

Ordnungssinn	1	☒
Vitalität	2	☐
Ängstlichkeit	3	☐

Frage 5:
Wie werden Einrollungen (nach links) gedeutet?

Egoismus	1	☐
Eitelkeit	2	☒
Energie	3	☐

Frage 6:
Fehlende Oberzeichen und t-Striche zeigen

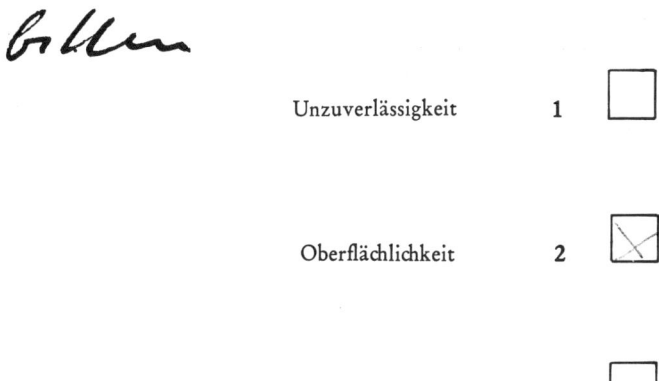

Unzuverlässigkeit	1	☐
Oberflächlichkeit	2	☒
Trägheit	3	☐

Frage 7:
Wie werden extrem schmale Ränder an den vier Seiten gedeutet?

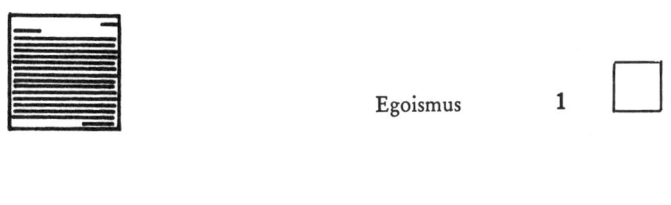

Egoismus	1	☐
Geiz	2	☒
Ängstlichkeit	3	☐

Frage 8:

Eine stark vergrößerte Unterschrift gegenüber dem sonstigen Text spricht für

vorgetäuschtes Selbstbewußtsein	1	☒
Sachlichkeit	2	☐
Unaufrichtigkeit	3	☐

Frage 9:

Für welche Eigenschaften spricht die abgebildete Schrift

Kontaktfähigkeit, Pflichtbewußtsein	1	☐
Festigkeit, Härte	2	☐
Ichbezogenheit, Kontaktmangel	3	☒

Frage 10:
Verbesserungen und Durchstreichungen zeigen

Unaufrichtigkeit	1	☒
Aggressivität	2	☐
Erregbarkeit	3	☐

Frage 11:
Häufiger Endfaden spricht für

Unzuverlässigkeit	1	☒
Diplomatie	2	☐
Durchsetzungsvermögen	3	☐

Frage 12:
Welche Krankheiten vermuten Graphologen in der abgebildeten Schrift?

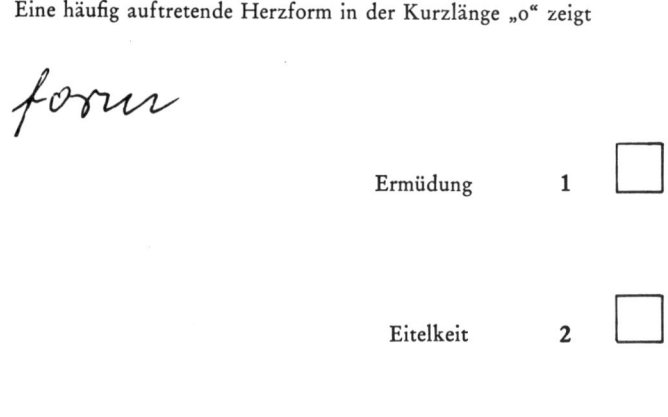

Hysterie	1	☐
Depression	2	☐
Drüsenkrankheit	3	☒

Frage 13:
Eine häufig auftretende Herzform in der Kurzlänge „o" zeigt

Ermüdung	1	☐
Eitelkeit	2	☐
Herzkrankheit	3	☒

Frage 14:
Was lesen Graphologen in dem folgenden Schriftbeispiel?

entgegen

Intelligenzmangel	1	☐
Labilität	2	☐
lesbische Tendenz	3	☒

Frage 15:
Exakt gesetzte i-Punkte zeigen

ich Dich

Pedanterie	1	☒
Eitelkeit	2	☐
Bescheidenheit	3	☐

Frage 16:
Welche Eigenschaft zeigt das folgende Schriftbeispiel?

Aus meiner Heimat

Nachlässigkeit 1 ☐

Ehrgeiz 2 ☐

Bescheidenheit 3 ☒

Frage 17:
Der i-Punkt als Kreis spricht für

Jöcklin

Pedanterie 1 ☐

Egoismus 2 ☒

Unaufrichtigkeit 3 ☐

Frage 18:
Weite, verschnörkelte Anfangsbuchstaben sprechen für

Lebhaftigkeit 1 ☐

Eitelkeit 2 ☒

Bosheit 3 ☐

Frage 19:
Welche der drei g-Schleifen zeigt geringe Sexualität?

1 ☐

2 ☐

3 ☒

Frage 20:
Das folgende Schriftbeispiel gibt Hinweise für

für

Fleiß	1	☐
Bosheit	2	☐
Erregbarkeit	3	☒

Testauswertung

Notieren Sie in der rechten Spalte der Punkttabelle die für Ihre Antwort zutreffende Punktzahl. Mit der Punktsumme können Sie dann feststellen, wie gut Sie wichtige graphologische Merkmale bereits deuten können.

Ergebnis-Skala

18—20 Punkte: Sie haben (fast) alle Fragen richtig beantwortet. Ihre Graphologiekenntnisse sind gut.

10—17 Punkte: Sie haben viele Fragen richtig beantwortet. Ihre Graphologiekenntnisse können aber noch verbessert werden.

0— 9 Punkte: Sie haben viele Fragen falsch beantwortet. Sie sollten das Buch nochmals lesen, um Ihre Graphologiekenntnisse zu verbessern.

Punkttabelle

Frage	Punkte 1.	Punkte 2.	Punkte 3.	Ihre Punkte
1	–	–	1	1
2	–	–	1	1
3	–	–	–	1
4	1	–	–	1
5	1	✗	–	0
6	–	1	–	1
7	–	1	–	1
8	1	–	–	1
9	–	–	1	1
10	1	–	–	3
11	✗	1	–	0
12	–	–	1	1
13	–	–	1	1
14	–	–	1	1
15	1	–	–	1
16	–	–	1	1
17	–	✗	1	0
18	–	1	–	1
19	–	–	1	1
20	–	1	–	1
Punktsumme:				17

Spielen Sie Personalchef!

Dritter Test

Mit diesem Testspiel können Sie sich in die Rolle des Personalchefs einer großen Firma versetzen. Wir haben jeweils drei Bewerberhandschriften für Sie zur Begutachtung ausgewählt.

Es geht dabei um die Positionen

Chefsekretärin

Verkaufsmanager

Programmierer

Industriekaufmann

Verkäuferin

Suchen Sie aus den Bewerberschriften die beste heraus und setzen Sie Ihr Kreuz in das betreffende Kästchen. Sie können die Schriften auf Ihr Gefühl wirken lassen und sich dann intuitiv entscheiden. Ihr Urteil ist jedoch selbstverständlich zuverlässiger, wenn Sie die einzelnen Schriftmerkmale und Eigenschaften notieren und kritisch gegeneinander abwägen. Wenden Sie dabei Ihre gelernten Graphologiekenntnisse an. Um gut abzuschneiden, müssen Sie außerdem Einfühlungsvermögen in die psychologischen Anforderungen der jeweiligen beruflichen Tätigkeit beweisen.

Die Testauswertung auf Seite 134 sagt Ihnen, wie oft Sie die richtigen Leute eingestellt hätten.

Chefsekretärin

für den kaufmännischen Direktor eines Großunternehmens in der chemischen Industrie.

a □

b ☒

jene Konzentrationsfähi
Menschen befähigt, sich
Ablenkungen und Able

Verkaufsmanager

mit technischem Einfühlungsvermögen und Führungsqualitäten für ein
Aluminiumwerk.

sehr mit ihr. Auch mit ihre
ich gut aus. Am 21.10. ist
gefahren. Sie erhielt als Prö
fahrtschein. Am Freitag kon

hinüber. Und heute, wieder nach 8 Stunden.
mir, als ob ich gegen alles betäubt h
Moment eines Zerstörers fahrers nach 3 pro2
in verhältnismäßig glatten Bahnen. Sta.

dass ich Dir ausgered.
Tag - eine Nachricht -.
mir vorstellte, dass we
Wochen nicht mehr seh
mir erst klar, dass ¹/₂

Programmierer

für innerbetriebliche Datenverarbeitung in einem Großbetrieb der Textilindustrie.

a ⊠

geboren: 4. 7. 1940 in Nür
des Handwerkers,
Volksschule: 1946 in Nürtin
Abitur: 1959 in Koblenz

b ☐

sofort zu verständigen.
Außerdem ist seitens der
vor der Ausstellung der.
beim Lohnbüro genaues.
ob der betreffende Aus

c ☐

haben, daß Du eine gute Fahrt h
schade, daß Du Salzburg nicht me
aber Du wirst sicher wieder mal z
kommen und dann auch Salzbu

Industriekaufmann

mit Erfahrung im Rechnungswesen für eine mittelgroße Möbelfabrik.

a ☐

Auch ich möchte es mir nicht n
lassen, Euch ein paar liebe, lie
aus dem sonnenüberfluteten He
zu übersenden. Zum Segeln si
noch nicht gekommen, da man

Die Verteilungskurven der Zeitlücken in
die charakteristik hochbelasteter Straßen a
Anteile kleiner Zeitlücken und geringe
Dabei sind für die verschiedenen Richtun
Unterschiede festzustellen, sodaß die das

Am Spätnachmittag unterbre
man uns Besuch ihre Reise
das vielgerühmte Seefeld nich
Hotel Berghof? Besetzt! Wald
überfüllt! Kurhotel u. Karwen

Verkäuferin

für eine Düsseldorfer Mode-Boutique mit exklusiver Kundschaft.

a ☐

Wie z.B. meine langen

Kurz gesagt: die gleiche

Atmosphäre wie in D'dr

b ☐

Am Montagabend war ich zum
bilde eingeladen worden. Die
zu dem Kleid, welches Krimhild
Sie hat sich sehr darüber gef-
unbedingt auch eine mach

133

habe ich die Lust d
sehe keine weitere Mö
Urlaub zu fahren. Me
Dieser Sommer war ja .

Testauswertung

Notieren Sie in der rechten Spalte der Punkttabelle die für Ihre Antwort zutreffende Punktzahl. An der Punktsumme können Sie dann feststellen, wie sicher Sie die geeigneten Bewerber eingestellt hätten.

Punkttabelle

Bewerber	Punkte			Ihre Punkte
	a	b	c	
Chefsekretärin	–	2	1	2
Verkaufsmanager	–	1	2	2
Programmierer	2	1	–	2
Industriekaufmann	–	2	1	1
Verkäuferin	–	1	2	2
	Punktsumme:			9

Ergebnis-Skala

7—10 Punkte: Sie haben für die gesuchten fünf Positionen meist die geeigneten Bewerber herausgefunden. In Ihrer Rolle als Personalchef haben Sie sich ausgezeichnet bewährt.

4— 6 Punkte: Sie haben für die gesuchten fünf Positionen nicht immer die geeigneten Bewerber herausgefunden. In Ihrer Rolle als Personalchef haben Sie sich nur durchschnittlich gut bewährt.

0— 3 Punkte: Sie haben für die gesuchten fünf Positionen selten die geeigneten Bewerber herausfinden können. Ihre Rolle als Personalchef haben Sie leider nur unzureichend ausgefüllt.

Geschichte der Graphologie

Die Schriftdeutung ist neben der Physiognomik (d. h. der Lehre von den Beziehungen zwischen Gesichtsausdruck und Charakter) und der Handlesekunst die älteste Methode der Menschenbeurteilung. Im folgenden geben wir einen kurzen Überblick über ihre historische Entwicklung.

Doktor Camillo Baldi schrieb 1622 ein fünfzig Seiten umfassendes Bändchen darüber, „wie man aus einem Briefe Natur und Eigenschaften des Schreibers erkennt". Er deutete vor allem den Briefstil, inhaltliche Gliederung und Orthographie, achtete aber auch auf die Schriftzüge. „Wer die Buchstaben mal grob, mal fein setzt", so urteilte Doktor Baldi, wird sich „auch in seinen anderen Handlungen ungleich" verhalten.

Die Gebildeten des 17. und 18. Jahrhunderts studierten Handschriften als modische Freizeitbeschäftigung und bemühten sich, ihren Ausdrucksgehalt zu erfassen. Auch Goethe sammelte und begutachtete Handschriften. Er korrespondierte mit dem Züricher Physiognomiker Johann Kaspar Lavater über Schrift und Charakter.

Das Wort Graphologie aus griechisch „graphein" = schreiben und „logos" = Wort, Kunde, Lehre, wurde erst 1872 von dem Franzosen Jean-Henri Michon (1806 bis 1881) geprägt. Der Abbé Michon bereicherte die Graphologie um die „signes fixes". Erstmals wies er auf die Schriftzeichen hin, die bestimmte Charaktereigenschaften signalisieren. Er untersuchte Handschriften von Personen, die als geizig, genußsüchtig usw. bekannt waren, auf typische Merkmale der Buchstaben.

Aus linksläufigen Häkchen deutet er Ichsucht, aus rechtsschräger Schrift Leidenschaftlichkeit, aus schräger Schrift mit Widerhaken Eifersucht.

Jules Crépieux-Jamin (1858 bis 1940) kritisierte Michons „signes fixes" und gab jedem graphologischen Einzelmerkmal positive und negative Bedeutung. Wann das Merkmal positiv oder negativ zu deuten sei, machte er von drei Faktoren abhängig: dem intellektuellen Niveau der Schrift, dem moralischen Verhalten der Person und der Harmonie der Schreibbewegung. — Er erkannte auch als Erster die große Individualität der Handschriften und sammelte beispielsweise 200 Variationen des Buchstaben M, die er 1922 in seinem Buch „Les bases fondamentales de la graphologie et de l'expertise en écritures" abbildete.

In Deutschland betrieb etwa zur gleichen Zeit Rafael Schermann nach wie vor sehr vordergründig bildhafte Zeichendeuterei. In Unterschriften des Grafen Zeppelin entdeckte er Luftschiffe, bei Selbstmördern fand er Pistolenknäufe.

Obwohl bereits um die Mitte des vergangenen Jahrhunderts der Pfarrer Adolf Henze in der Leipziger „Illustrierten Zeitung" über 60 000 Schriften begutachten konnte, machte erst der Privatgelehrte Ludwig Klages (1872 bis 1956) die Graphologie in Deutschland richtig populär.

Klages studierte Chemie und Physik bei Röntgen, fühlte sich aber bei der exakten Naturwissenschaft nicht richtig glücklich und widmete sich deshalb lieber der Philosophie und Schriftforschung. 1917 schrieb er die Bibel der Graphologen „Handschrift und Charakter", nach der noch heute Psychologie-Studenten Graphologie lernen.

Klages stellte wie Crépieux-Jamin für jedes Schriftmerkmal positive und negative Bedeutungen zusammen. Je nach „Ebenmaß", „Rhythmus" und „Formniveau" deutete er die gute oder schlechte Eigenschaft. Klages' Doppel- und Vieldeutigkeit ist problematisch, denn die Bewertung des Formniveaus ist weitgehend sehr schwierig, meist ist es Gefühlssache; Klages sprach von „seelischer Schaukraft". Damit lieferte er den Kritikern der Graphologie das gewichtige Argument, daß Graphologie keine objektive Methode sei und jeder Graphologe zu anderen Ergebnissen kommen würde.

Die Nationalsozialisten stellten bei der Auslese von SS-Anwärtern die Graphologie trotzdem in ihre Dienste, zumal etliche Schriftgutachter den Nationalsozialisten Schützenhilfe boten. So entdeckte beispielsweise 1932 der Graphologe Bernhard Schulze-Naumburg in seinem Buch „Handschrift und Ehe" bei Judenschriften „eine auffällige Verkümmerung des Gemütslebens, abstraktes, unanschauliches Denken, Mangel an Staatsgefühl, Drang nach Geldherrschaft".

Nach dem Krieg wurde die Bundesrepublik neben Österreich und der Schweiz zum graphologiegläubigsten Land der Erde. Vor allem die Industrie baute auf den Wert graphologischer Urteile. In den Stellenanzeigen großer Tageszeitungen forderten und fordern bis zu 55% der Firmen ausdrücklich einen handgeschriebenen Lebenslauf. Dazu kommen etwa 15% Firmen, die nicht direkt darauf hinweisen, aber trotzdem ihre Bewerber graphologisch begutachten lassen.

Eine Zeitschrift setzte vor einigen Jahren erstmals einen IBM-Computer 360—40 zur Handschriftenanalyse ein. Das schlaue Elektrogehirn attestierte der Schauspielerin Elke Sommer „warmherziges und leidenschaftliches Temperament", der Politiker Helmut Schmidt wurde als „selbstbewußt und stolz" und der bayerische Fußballstar Franz Beckenbauer als „kritisch und ausdauernd" charakterisiert.

Der Computer wird die Graphologen jedoch vorerst nicht verdrängen, denn die Nachfrage nach qualifizierten Eignungsgutachten ist bei etwa 600 praktizierenden Graphologen in Deutschland gestiegen.

Der Streit um die Gültigkeit der Graphologie besteht jedoch nach wie vor, zum Teil zu Recht, da sehr viele Deuteprinzipien bisher ungenügend empirisch untersucht und erörtert sind.

Die Graphologen erforschten Schriftproben von Personen, die ihnen als ehrgeizig, intelligent, kriminell oder vital bekannt waren. Auf diesem Weg erkannten sie, welche Schriftmerkmale für die entsprechenden Eigenschaften typisch sind. Die Graphologin Roda Wieser untersuchte beispielsweise 2000 Verbrecherschriften, um die kriminellen Merkmale in der Schrift zu erkennen. Aber nicht immer können sich die Schriftdeuter auf ein so großes statistisches Material berufen. Viele Symptome wurden nur „erahnt".

Der erwähnte französische Graphologe Crépieux-Jamin umschreibt beispielsweise nur vage, wie er zu seinen Deutungen kommt: „Man spürt die Bedeutung eines Schriftzuges auf, indem man ihn als physiologische Bewegung betrachtet und ihn in seinem Umfang, seiner Beständigkeit und seiner Kraft mit der entsprechenden psychologischen Bewegung in Zusammenhang bringt". Das ist eine subjektive Methode und klingt nicht sehr naturwissenschaftlich exakt.

Auch der berühmte Schriftforscher Ludwig Klages hat seine Deutekunst nicht mit ausreichenden wissenschaftlichen Bewährungskontrollen statistisch getestet. Daß die Klienten von seinen Gutachten begeistert waren, genügte ihm häufig als Beweis ihrer Treffsicherheit.

Die meisten Graphologen glauben, daß der Verweis auf ihre immense Erfahrung (zum Beispiel 10 000 und mehr erstellte Gutachten) die Skepsis verstummen läßt. Aber auch 10 000 erstellte Gutachten beweisen wenig, solange nicht sämtliche graphologischen Einzelmerkmale empirisch überprüft wurden. Diesen Untersuchungen sollte sich die graphologische Wissenschaft entschiedener zuwenden.

Es wird in Zukunft wahrscheinlich immer seltener handschriftlich geschrieben. Schreibmaschine und Tonband haben — außer bei Liebesbriefen — die Feder verdrängt. Den Füllfederhalter benutzen fast nur noch leitende Angestellte, damit ihre Signatur „wertvoller" aussieht.

In 50 Jahren schreiben die meisten vielleicht — außer ihrem handschriftlichen Lebenslauf — nur noch „effektvolle" Unterschriften. Das hat große Auswirkungen auf die Gültigkeit der Deuteprinzipien, die vielfach noch aus dem 19. Jahrhundert stammen. Die Graphologen müssen deshalb ständig ihr gesamtes diagnostisches Repertoire kritisch überprüfen.

Bewährung der Graphologie

Unter Leitung des Hamburger Sozialpsychologen Professor Peter Hofstätter wurde von der ARD am 2. August 1976 ein Studioexperiment durchgeführt, bei dem die Aussagekraft verschiedener Beurteilungsmethoden (Schriftanalyse, psychologische Tests und astrologische Verfahren) getestet wurden. Die drei Gutachter beurteilten dieselbe Person; der Graphologe nach der Handschrift, der Psychologe nach Testunterlagen und der Astrologe nach dem Geburtsdatum, ohne die Person selbst zu Gesicht zu bekommen. Die jeweiligen Daten (Schriftprobe, Testergebnisse) wurden also nicht von den Diagnostikern erhoben, sondern von einem neutralen Testleiter.

Die Probandin erhielt die drei erstellten Expertisen über ihre Person und wurde von Professor Hofstätter gefragt, welches der drei Gutachten ihre Persönlichkeit am sichersten getroffen hätte – sie entschied sich für das graphologische Gutachten, vor der astrologischen und psychologischen Charakteranalyse.

Professor Hofstätter in seinem Schlußwort: „Es ist für mich kein Problem, mir zu denken, daß graphologische Methoden die Persönlichkeit eines Menschen erfassen können."

Trotz der jahrzehntelangen Bewährung der Graphologie in der Personalauswahl gibt es nach wie vor heftige Gegner der Graphologie. Ich kann den Skeptikern deshalb nur empfehlen, die Graphologie zu testen und sich von der Leistungsfähigkeit eines Gutachtens einmal selbst zu überzeugen.

Literaturverzeichnis

Bergmann, Robert u. Elisabeth: „Wie bist Du, Mensch?", Hallein
Carnap, E. u. Christiansen, B.: „Lehrbuch der Graphologie", Stuttgart
v. Cossel, Beatrice: „Graphologisches Studienbuch", Frankfurt/M.
Donig, Curt: „Betriebsgraphologie", München
Fervers, Hans: „Wie man Menschen beurteilt", Neuwied
Ivanovic, M.: „Graphologische Merkmal-Kartei"
Klages, L.: „Handschrift und Charakter", Bonn
Knobloch, Hans: „Deine Schrift, Dein Charakter", München
Lesourd, Marthe: „Erkenne dein Kind in seiner Handschrift", München
Meili, Richard: „Lehrbuch der Psychologischen Diagnostik", Bern
Miller, Philip: „Einführung in die Graphologie", Frankfurt
Müller, W., Enskat, A.: „Graphologische Diagnostik", Bern
Ruddies, Günther H.: „Deine Handschrift, Dein Ruin", Möglingen
Singer, Eric: „Die Handschrift sagt alles", München
Wieser, Roda: „Mensch und Leistung in der Handschrift", München
Wieser, Roda: „Der Verbrecher und seine Handschrift", Stuttgart
Wittlich, Bernhard: „Angewandte Graphologie", Berlin

Zeitschriften:
„Capital", „Wie man Graphologen überlistet"
„Der Spiegel", „Graphologie: Deutschlands Glaube an die Handschrift"

Weitere Veröffentlichungen von Peter Lauster:
„Begabungstests. Wo liegen Ihre Fähigkeiten und Talente?", Stuttgart
„Berufstest", München
„Teste Deine Intelligenz", München
„Menschenkenntnis ohne Vorurteile", Stuttgart
„Der Persönlichkeitstest", München
„Selbstbewußtsein kann man lernen", München
„Statussymbole", Stuttgart
„Lassen Sie sich nichts gefallen", Düsseldorf
„Lassen Sie der Seele Flügel wachsen", Düsseldorf
„Die Liebe", Düsseldorf
„Lebenskunst", Düsseldorf
„Wege zur Gelassenheit. Die Kunst, souverän zu werden", Düsseldorf

Wenn Sie noch weitere Informationen über diese Veröffentlichungen oder die Graphologie wünschen, schreiben Sie an Dipl.-Psychologe Peter Lauster, Lüderitzstraße 2, 5000 Köln 60.

Sachregister